マンション修繕・管理の実際

Indo Fumio
印藤文夫

鹿島出版会

ごあいさつ

　このたび，私達の連合会技術顧問である印藤文夫先生が，2000年2月刊行の著作「マンションの劣化・修繕の知識」に次いで，本格的なマンションの長期保全の指導書ともいうべき本書を，引き続き，刊行されました。

　マンション建物を長く価値あるものとして，長持ちさせるためには，確かな修繕による維持管理こそが最も大切であると，前回と同様に多くの事例をあげて解説しています。今回は，建物自体のコンクリートの中へ，雨水を浸入させないためには，躯体コンクリートの工事において，隙間を残さない施工並びに修繕の方法が，いかに大事であるかということを中心に述べられています。

　躯体コンクリートに雨水が浸入することによって，鉄筋コンクリート造の建物では，コンクリートの強度が低下し，さらに鉄筋が腐食することが要因で，耐震性がいっそう弱まり，耐久性が失われることになります。コンクリート強度を低下させるのも，鉄筋を腐食させるのも，その原因は水と空気なのです。とりわけ，粗雑な工事の結果による建物ほど，雨水や空気が浸入しやすく，結露による水分の発生もあり，したがって，建物保全にとって，建物躯体に雨水の浸入を防ぎ，結露の発生をも防止する修繕工事が肝要であることが，明快に語られています。

　一方で，外壁に多く見られるタイル張りも，剥離事故を防ぐため

には十分な対応が必要であり，また，長い間使われてきた，外壁の吹付けタイルなどは，建物躯体の保護機能の面からも，中長期的な見直しが必要であることなど，長寿命化時代に対応した，これからの修繕のあり方が，わかりやすくまとめられています。

そこで，私達としましても，マンションに安心して末永く居住できるようにするには，計画的で長期的な維持管理の保全体勢を，マンション区分所有者の皆様方と，協力してつくりあげていきたいと切に願うものであります。すでに2回目の修繕を終え，3回目を迎えようとしているマンションも出始めており，著者のこれらマンションの修繕時における，諸々の調査結果と施工実績からも明らかなように，今まで関わった修繕工事が，適切，かつ有効であったことが証明されつつあります。私達も，さらなる努力と工夫を積み重ねることで，将来に希望をもって，マンション管理に取り組むことができるのではと思っております。

全国のマンション区分所有者の方々，マンション建築保全に関わる管理組合役員並びに管理者，また，マンション建設を担当される開発業者，設計者，建築技術者の方々に，本書は，類例のない，マンション修繕のための有益な参考図書として，ぜひご一読をお薦めする次第です。

2006年 9月

(社)北海道マンション管理組合連合会　会長

太 田　實

NPO法人函館マンション管理組合ネットワーク理事長

石 井 精 一

序言―バブル経済崩壊後の建物造りの状況を考える

　平成17年11月17日以降，毎日のように新聞，ＴＶで報道されているマンションやホテルの耐震偽装事件は，偽装を行った者，偽装を見抜けなかった確認審査機関，偽装に気付かなかった設計・監理者，施工者，さらには偽装を承知でマンションを販売した業者等々，日本中を人間不信に落とし込んだ大事件となった。

　解体され再度建築されるマンションもあり，住民訴訟など，今後のさらなる実状が明らかになり，それに伴い，真の防止策が提案されなければ，マンション居住を待望する消費者への信頼は得られないであろう。このような，人を騙すことによって，利益を上げようとする行為は，絶対にあってはならないことで，管理責任者である国をあげて再発防止に努めなければならないのは，当然のことである。

　マンション建築は，バブル経済が崩壊しようとする，平成元年頃から，施工の質が一層低下し，ひと皮剥いてみなければ，なにが出てくるかわからないような施工結果による，建物の瑕疵の状態が見えがくれしており，修繕にはかつてないほどの大きな追加費用を必要とする状態が続いたまま，今日に至っているのである。

　その実状については，マンション修繕20年の経験をもとに，本文の中で随時明らかにしていくつもりである。

建築産業は，他の産業と比べて，量産化や自動化が成り立ちにくい業体であり，自然界の中から生産される多種多様の材料の組合せによって造り上げる，いわゆる，「もの造り」を原点とする産業であるうえに，非常に広汎で精緻な判断を必要とする産業なのである。

　ところが，日本経済の高度成長にともない建築生産のあり方を見直す動きが高まり，ある時期から，下請業者に依存する部分が増大した。下請業者に対し，技術管理業務を委任する条件として，組織的な教育がなされないまま，ある日突然に，「もの造り」の基本ともいうべき重要業務が任されても，下請業者は戸惑うばかりであろう。このことが，その後の建物の質を低下させる根本的な要因となるのである。

　また，現場担当のゼネコンの技術者が，建物建設の基本となる施工図や，施工要領書をつくらないとするならば，まともな「もの造り」ができるであろうか。「施工図をつくる」ことは，ある部分の形や，納まりを研究するに止まらず，その部分に関わる，あらゆる部分の組立て方，造り方，保全の方法等を考えることにつながる行為なのである。このように，「もの造り」にとって，極めて重要な判断を必要とする業務を，下請業者の業務とするのでは，果して元請発注者の責任を全うすることができるであろうか。

　マンション建築の修繕工事のうえで，業者を選定する重要な業務として，見積書の提出を求め，内容審査を行うが，このとき，設計仕様の理解度と，施工への対応を見るため，施工要領書の提出を求めるのである。ところが，評価に値するほどのものを提出できる担当者が，見あたらなくなっている実状からも，受注者側であるゼネコンの技術力に，疑問を持たざるを得ないのである。

　ここまで落ち込んだ，建物造りの能力を，立て直すことについて

は，どのような方法を講ずるにしても，設計並びに，施工業界全体の相応の努力と，時間を必要とするのはいうまでもなく，国としての覚悟もなくてはならないのは当然であろう。将来を見通した慎重で有効な対応を急ぐ必要がある。

マンション建築において「修繕」こそは，いつの場合も，建物長期保全のために，最適で妥当な仕事が要求される。それに応えることができなければ，辞めるほかはない。建物修繕は，「いい加減な工事」をやっても，5～6年はわからない。その期間を過ぎて，おかしいことに気付いても，それから振り出しに戻ることは，極めてむずかしいので，最初の修繕工事で失敗するようなことは，なんとしても避けなければならない。したがって，第1回目の修繕工事は，これら正しい工事ができる業者を選び，発注することが肝要である。

マンション建物造りの基本は，なんといっても，躯体コンクリートの質にある。混練水量の多い，軟らかいコンクリートほど，ひび割れのほか，毛細管現象も多くなり，中性化が早くなる。一般に，日本のマンション建築のコンクリートは，欧米に比べて極めて水量が多く，したがって建物の構造材料として，寿命が短くなるのである。

もともと，今回の偽装等の不可解な事件など，考えられなかった時代においても，わが国の建物のコンクリートの質は，欧米と比べて，格段に低いといわれてきた*。これに加えてバブル経済以降の設計，施工の質の低下により，耐用年数60年と考えられていたものが，施工の質をしっかりと守らないかぎり，建物の寿命は，40年前後に低下するものと危惧されるのである。

* 先進国の建物の耐久性と称されている概略年数
 イギリス＝140年，　アメリカ＝100年，　フランス，ドイツ＝80年

最後に，建物造りの基本であるコンクリートについて，水量の少ない硬練コンクリートを，密実に打ち込む方法を真剣に探究した，先人の努力と情熱を範とし，設計者および施工者が一体となって，建物造りの質の向上に精進すべき要点について，本書で，筆者が実行している「耐久性のある躯体コンクリートのつくり方」を記載した。ぜひとも，読者の皆様方のご高覧とご批評をいただきたい。

2006年　9月

　　　　　　　　　　　　　　(社)北海道マンション管理組合連合会
　　　　　　　　　　　　　　技術顧問　印　藤　文　夫

口絵写真：パークアベニュー団地　418戸　　（株）伊藤塗工部提供

目　次

ごあいさつ　　iii　　　　　　　　　　　　　太田　實・石井精一

序言—バブル経済崩壊後の建物造りの状況を考える　　v

第1章　分譲マンションの修繕と課題　　*1*

1. 大規模修繕工事のその後　　*2*
    水平打継ぎ部に発生したジャンカの補修　　*3*

2. 外壁コンクリートの設計・施工の要点　　*8*
    （1）水平打継ぎ部のコンクリート一体化の妨げ　　*8*
    （2）水平打継ぎ部に混入する夾雑物　　*9*
    （3）外壁コンクリートに発生するコールド
        ジョイント　　*12*
    （4）外壁コンクリートの充填不良について　　*13*

第2章　マンション建築の早期劣化の実状　*17*

1. 躯体コンクリート水平打継ぎ部の不具合　*18*
2. 外壁の鉄筋腐食　*22*
3. アルミサッシ周辺の結露と漏水　*25*
4. 換気ダクト、フード下の漏水と汚れ　*28*
5. バルコニー床防水　*31*
6. バルコニーのアルミ手摺の問題点　*34*
7. 今流行の簡易なモザイクタイル張りの不具合　*38*
8. 外壁塗装の現状と問題点　*47*

第3章　修繕工事の考え方と方法　*51*

1. 躯体コンクリート水平打継ぎ部の修繕　*52*
2. 鉄筋腐食の調査と修繕　*58*
3. アルミサッシ周辺の結露と漏水　*63*
4. 換気ダクト、フード下の漏水と外壁の汚れ　*66*
5. バルコニー床防水　*70*
6. バルコニーのアルミ手摺の修繕と取替え　*72*
7. 簡易なタイル張りの不具合調査と修繕　*80*
8. 外壁用アクリルゴム塗り　*91*
9. 屋上防水　*107*
   A. 屋上防水の種類と修繕　*107*
   B. 出入口の防水と庇　*110*

第4章　耐久性のある躯体コンクリートのつくり方　*115*
　　─密実な躯体コンクリートの実現を目指して─

[ジャンカ、コールドジョイント、水平打継ぎ不良を
つくらない施工とは]　*116*

1. 建物躯体およびコンクリート工事の
施工品質の向上とは　*116*
    (1) 「均しコンクリート」は「基準
    コンクリート」に　*117*
    (2) 躯体コンクリートの乾燥収縮による
    ひび割れ分散のための壁配筋　*118*
    (3) 柱の設計でやってはならないこと　*118*
    (4) 外壁用型枠と組立て精度（仕上げが打放しの
    場合を除く）　*119*
    (5) コンクリート水平打継ぎ部の清掃等　*119*
    (6) 躯体コンクリートを密実にして，ジャンカを
    つくらない方法　*121*
    (7) コールドジョイントを発生させない
    コンクリート打設方法　*123*
    (8) 打設コンクリートの湿潤養生（工事工程立案に
    影響がある）　*125*

2. コンクリート打設の実際　*126*

第5章　これからのマンション工事と維持管理　*129*

　1. 超高層マンションの建設ラッシュと修繕　*130*
　2. 偽装設計と長期修繕　*136*

あとがき　*141*

第1章

分譲マンションの修繕と課題

1. 大規模修繕工事のその後

　1989年（平成元年）以後の，いわゆるバブル期以降に竣工したマンションの，10年余経過後に行われた修繕工事の際に発生した追加工事費が，1988年（昭和63）以前に竣工したマンションに比べ，**表1-1**（6，7頁）に見る通り大幅に増加していることがわかる。

　修繕工事の場合の追加工事とは，その多くがいわゆる建物の仕上げを一度剥いてみなければ実状がわからない瑕疵であり，しかも建物の機能上，あるいは長期保全上，放置してはいけない状態を修復するために，足場が組みあがったうえでの調査によって，はじめて実状が明らかになる工事であるために，修繕設計の時点で行う離れた位置からの目視では，相応の熟練した能力がなければ，正しい予測はできないのである。

　1989年（平成元年）以降の追加工事費増大に共通して影響を与えていた最大の項目は，各階外壁コンクリートの水平打継ぎ部に発生した，ジャンカ*の補修であった。

　*　ジャンカ＝豆板状コンクリート
　　ジャンカが発生する原因は二つあり，その一つは混練水の多いコンクリートを，柱や壁の頂部から投入すると，コンクリートが分離して砂利が先に落下し，その後からモルタルが落下してジャンカが発生する。
　　二つ目の原因は，バイブレーターを使うことなくコンクリートを打設するとジャンカが発生する。

マンション修繕は、いい加減な工事を行ったとしても、6～7年経たなければ、その良し悪しがわからないものである。また、ある期間が過ぎ、間違いに気がついたとしても、なかなか振り出しには戻れない。マンションは、多数の人々の共有物だからである。したがって、第1回目の修繕工事で失敗するようなことは、なんとしても避けたいものである。それには、修繕工事を立派に成功させたマンションに出向いて勉強し、そのうえで、組合員のよき理解を得て修繕工事を実行することが大切である。

　他にも躯体コンクリート施工不良による欠陥としては、工事費増大に影響する下記の要因があり、次節において詳しく示す。特にこれらの劣化要因は雨水浸入や鉄筋腐食の原因になり、コンクリート躯体の劣化を進行させるので、なるべく早いうちに修繕を行うことが大切である。

(1)　水平打継ぎ部のコンクリート一体化の妨げ
(2)　水平打継ぎ部に混入する夾雑物
(3)　外壁コンクリートに発生するコールドジョイント
(4)　外壁コンクリートの充填不良について

水平打継ぎ部に発生したジャンカの補修

　コンクリート外壁に発生したジャンカの補修は、コンクリートを斫(はつ)って鉄筋腐食部の錆を落し、清掃の後、リフリート工法（太平洋マテリアル（株））などによるアルカリを付与してモルタル埋めに進む。

　コンクリートの斫り深さが5cm以下なら、左官職によるモルタル埋めが可能だが、それ以上になると型枠を取り付けて、無収縮モルタルの注入が必要になり、したがって、コンクリート斫り断面が

**写真1-1　躯体コンクリート水平打継ぎ部の鉄筋腐食
　　　　　（13年経過）**

**写真1-2　躯体コンクリートの斫り深さは15cm
　　　　　（12年経過）**

10cm角の場合で、その修繕費は長さ1m当り22,000円にもなる。

　現時点では、無収縮モルタル注入工事を確実に施工できる専門業者は少ないので、多くの修繕工事現場ではコンクリート斫りの大きい部分の埋戻しをどのように行っているのか懸念されるところである。

　このような躯体コンクリートのジャンカによって、10年前後で鉄筋が**写真1-1,2**のように腐食する現象は、鉄筋コンクリート造の建物にとって、極めて遺憾というほかなく、正しい修繕が行われないまま地震に遭遇した場合は、建物崩壊の引き金となる可能性がある。

表1-1 1981年以降に竣工したマンションの第1回改修工事費
（大規模修繕の実績例）

	マンション名	竣 工 年 月	改修工事年月	改修までの年数	戸　　数
1989年以前に竣工したマンション	M	1981年12月	1996年 8月	15年	88戸
	N	Ⅰ期 1984年12月 Ⅱ期 1985年 9月	1997年 7月	13年 12年	78戸
	O	A棟 1987年12月 B棟 1988年 3月	1999年 8月	12年 11年	144戸＋管理諸室
1989年以降に竣工したマンション	P	1989年12月	2000年 8月	11年	115戸＋プレイルーム
	Q	1990年 3月	2001年 8月	11年	87戸
	R	1990年 9月	2002年 8月	12年	73戸＋プレイルーム
	S	1989年12月	2002年 9月	13年	104戸＋12店舗

注　1）　在来外装はすべて吹付けタイルであったが，改修工事ではすべてアクリルゴム（膜厚最小1.2mm）でやり替えた。
　　2）　工事費には消費税（5％），設計監理費を含まない。

延床面積	a. 改修工事費	b. 改修追加工事費	b/a	改修工事費1戸当り金額
RC造地上7階建 8,933.463m²	114,000,000円	13,722,000円	12.00%	1,451,386円
RC造地上5階建 6,275.197m²	101,400,000円	9,035,276円	8.90%	1,415,833円
RC造地上7階建 13,490.960m²	183,000,000円	17,776,729円	8.90%	1,394,277円

延床面積	a. 改修工事費	b. 改修追加工事費	b/a	改修工事費1戸当り金額
SRC造地上15階建 11,332.520m²	134,000,000円	21,122,246円	15.76%	1,348,887円
SRC造地上12階建 8,781.507m²	111,000,000円	20,423,610円	18.40%	1,510,609円
SRC造地上13階建 7,189.270m²	103,000,000円	18,727,940円	18.18%	1,667,507円
SRC造地上11階建+3階建 10,954.650m²	147,600,000円	28,447,500円	19.27%	1,517,650円

2. 外壁コンクリートの設計・施工の要点

(1) 水平打継ぎ部のコンクリート一体化の妨げ

構造計算が，コンピューター計算プログラムによって行われるようになってから，高層の建物も鉄骨を使うことなく，鉄筋コンクリート造で設計されるようになり，その結果，柱脚の柱主筋間隔が狭いために，コンクリート打設後，打継ぎ面に鏝を入れて均すことができず，したがってレイタンス*も除去されることなく，そのまま放置される例が多くなっているが，打継ぎ面の接着不良は構造耐力上の弱点となるばかりでなく，雨水の浸入によって柱筋腐食発生の懸念があるので絶対に避けたい。

* レイタンス＝打ち込まれたコンクリートが沈下して水が浮き上がると，セメントおよび砂中の微粒子の混合物が浮かび出て沈殿し，表皮を形成する

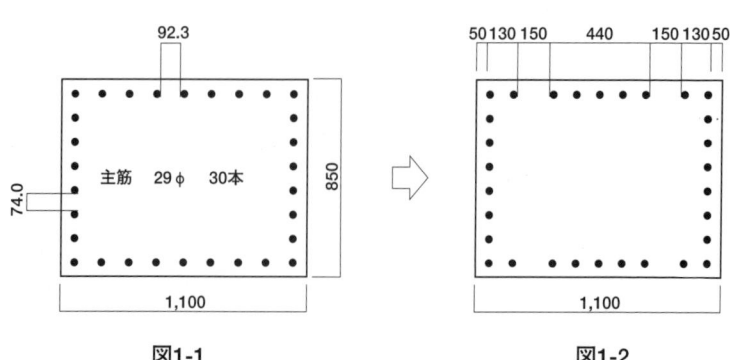

図1-1   図1-2

このような施工を避ける方法として、図1-1の場合ならば長手方向の鉄筋を寄せて配筋し、図1-2のように150mmの隙間を一辺に2カ所つくることができるので（その他の隙間は72〜73mmとなる）、そこから鏝を入れて均すことができる。

躯体コンクリートの水平打継ぎ面は、金鏝で仕上げておき（中央部を高目に）、コンクリートの硬化が始まって歩行できるようになったら、高圧洗滌（$120kg/cm^2f$）を行えば、レイタンスを含め打継ぎ面の清掃ができる（硬化が進行してしまえば、ワイヤーブラシによるケレンが必要）。

レイタンスは、強度はほとんどなく水の浸入抵抗も少ない。打ち継いだコンクリートの付着を妨げるので、打継ぎ前に除去すべきものである。

(2) 水平打継ぎ部に混入する夾雑物

外壁コンクリート水平打継ぎ部のシールを撤去し、仕上げ材を剥

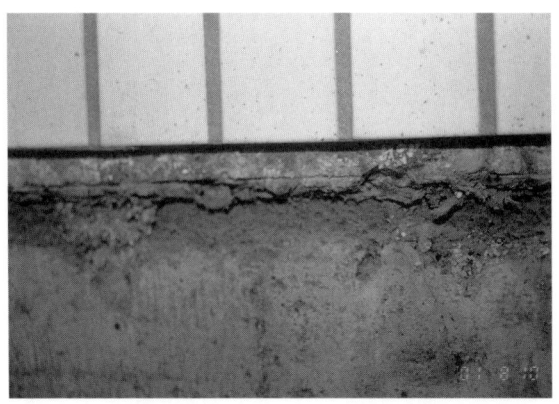

写真1-3　外壁水平打継ぎ目地の位置に紙屑、断熱材の小片が混在

がしてみると，紙屑，鋸屑，断熱材片，木片，結束線など，現場で使用されるあらゆる資材の片々が表れる（**写真1-3，4，5，6，7，8**）。これらのものは，型枠組立て中に型枠内に落下したものであり，作業の最後に水を流しながら，清掃すべきであるにもかかわらず，コンクリート打設前の清掃が行われなかったことを示している。

これらの状態を放置すれば，やがて必ず水みちとなり，鉄筋の腐食が発生する原因となるので，第1回目の修繕工事では，これらの雑物を斫り取り，樹脂モルタルによる埋直しが必要である。斫りが深いときは，型枠を付けて無収縮モルタルを注入する。

無収縮モルタルを使用するにあたって，必ず守るべきことの一つは，打継ぎ面を事前に湿潤させておくか，吸水防止プライマーを使用する。これを行わないと，必ず肌分かれが起こる。

近頃，マンション修繕工事で，外壁コンクリートのひび割れをU型カットしていくと，**写真1-5**のように，ジュースの空缶に打ち当ることがある。以前にはなかったことで，近頃のコンクリート打ち

写真1-4　紙屑，断熱材の小片が混在（前掲写真を拡大）

2. 外壁コンクリートの設計・施工の要点

写真1-5 外壁の窓上コンクリートにジュースの空缶混入

写真1-6 タイル下地コンクリートに型枠片が残っている

写真1-7 外壁の出隅，防水層の直上に垂木が落下したまま腐り始めている

写真1-8 外壁タイル下のコンクリートに板切れが混入。板は腐り始めている

が，どのように行われていたのか推測できるような気がする。

(3) 外壁コンクリートに発生するコールドジョイント

建物のコンクリート打設は，一般に床面から1.8m前後の高さで，ほぼ水平になるように回し打ちとすることが慣習となっている。これはかつて，型枠締付けに強度不足の材料が使用された結果，型枠に投入されたコンクリートの側圧によって型枠が崩壊した頃の名残と思われる。

その結果，打込み区画の大きさと気温の影響によって，先行して打ち込まれたコンクリートの硬化が進行し，その上に投入されたコンクリートと一体化できず，隙間を残したまま硬化する現象をコールドジョイント*といい，雨水の浸入をまねく可能性がある（**写真1-9**）。

現在では，型枠の組立てには，丸鋼管と角鋼管による締固め材を使用するので，打込み高さに応じた使い方ができるようになり，階高4m程度ならば回し打ちの必要はなく，一気に上階の床まで打ち上げることができるようになった。

ただし，混練水の多い軟らかいコンクリートを使用すると，落下の途中で分離し，ジャンカが発生するので，最初に富調合モルタルを投入しておき，硬練コンクリート（ただし，コンクリートのスランプは15cm程度）を投入し，棒状バイブレーターを掛けながら一気に上階床面まで打ち上げる方法を採ることによって，コールドジョイントをなくすことができる。

* コールドジョイント＝凝結がある程度進行しているコンクリートに新しいコンクリートを打ち継ぐと，コンクリートの一体化が阻害され，コールドジョイントとよばれる施工不良が生じる

2. 外壁コンクリートの設計・施工の要点　　*13*

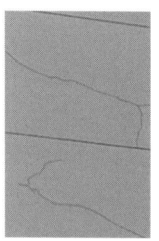

外壁部（拡大）

写真1-9　各階外壁のコールドジョイント

　第1回目の修繕工事のときには，しばしばコールドジョイントが発見される。この場合，鉄筋に腐食がなければ，エポキシ樹脂低圧注入により雨水の浸入を防ぐことができる。

(4) 外壁コンクリートの充填不良について

　建物のコンクリート施工は，硬練りコンクリートをしっかりつき固めるのが昔も今も変らない鉄則であるが，**写真1-10，11，12**は硬練コンクリートを上階から投入し，バイブレーター，つき棒などを使わなかったので，コンクリートは途中のフープ筋に邪魔されて落ちきれず，フープ筋の下側に空洞ができて，コンクリートの被り厚が5cmあるにもかかわらず，11年経過後雨水の浸入によってフープ筋が腐食し，横ひび割れが発生した例を示している。

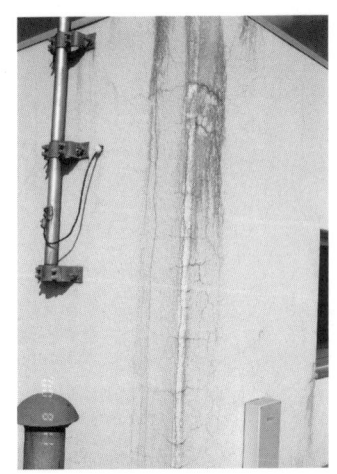

写真1-10　柱のフープ筋の位置にひび割れ発生，雨水が浸入するものが多い（11年経過）

写真1-11　横ひび割れの部分を斫ってみるとフープ筋に錆が発生

写真1-12　柱出隅のフープ位置にひび割れ発生。雨水が浸入している

写真1-13　柱水平打継ぎ部の鉄筋腐食（11年経過）

これらの写真から見えてくるコンクリート施工の実状は，混練水の多い軟らかいコンクリートを上方から流し込めば事が足りると考えているように思われる。約10年経過の状態は，内部の鉄筋に発錆する箇所が多いので，第1回目の修繕時に必ず正しく修繕を行うことが必要である。修繕方法は，本文3頁のジャンカの補修に倣う。

　バブル崩壊後，このような状況が非常に多くなっているが，これはコンクリート打設の手間を惜しむ，あるいはコンクリートの質の確保に関心がなくなった，としかいいようがなく，建物の長期保全上，はなはだ遺憾なことである。

　コンクリートは素材を吟味し，少ない混練水でつくられたものをしっかりつき固め，填圧することによって，耐久性を期待できる建築材料になるのである。

　写真1-13に見る柱筋腐食の原因は，上記とは若干相違し，鉄筋コンクリート柱角の水平打継ぎ部に隙間があり，周囲のコンクリートも粗であったので，柱の下方の鉄筋が縦，横とも腐食したものであり，コンクリート充填不良が原因である。このような瑕疵も，近年多く発生している。

第2章

マンション建築の早期劣化の実状

1. 躯体コンクリート水平打継ぎ部の不具合

　外壁のコンクリート水平打継ぎ部にジャンカやひび割れがあって，これらの修繕が不十分であることはしばしば見聞する。この場合，コンクリートの床面に張られた絨緞（じゅうたん）などの仕上げ材の外壁に近い部分に濡れや黒黴（くろかび）が発生する。しかし，この部分は外壁とそれに接する床面の断熱施工の不備があれば，結露が発生しやすい部分でもあるので，濡れたからといって，その原因を即断することはできない。

　そこで，床の絨緞の外壁に近い部分を剥がし，次に雨が降るのを待って，**写真2-1**に見るように床の濡れ線を書き込んでみる。降雨ごとの濡れ線の位置が違えば，外壁のどこかに雨が浸入する孔があることになるので，外壁の階の継目のあたりを調査することになる。

　外壁面の漏水調査は，まずコンクリート水平打継ぎ目地のシール材を取り除いて，その跡をテストハンマーの剣先で叩きながら注視することによっておおよその見当がつく。**写真2-2**は，水平打継ぎ目地のシールを撤去した跡を，たまたま持っていたペンシルで探っているうちに，孔（深さ11.5cm）にはまった写真である。

　このように，水平打継ぎ目地に孔があったり，**写真2-3**に見るように，目地の上のコンクリート表面に，帯状の色ムラが見えるときには慎重な調査が必要である。疑わしい場合は，目地下1cm，目地上2cm，深さは目地底より1cmまでのところで，とりあえず，

1. 躯体コンクリート水平打継ぎ部の不具合

写真2-1　降雨のたびに濡れる範囲が変わる

写真2-2　外壁の打継ぎ目地のシール溝に孔があった。
　　　　深さ11.5cm

写真2-3　コンクリート水平打継ぎ目地の上に色ムラあり

写真2-4　目地上の色ムラ部分を斫ってみると，かなりの量の砂がこぼれた

長さ90cm位のコンクリートを斫り取ってみるのである。

写真2-4は，目地上に補修跡（白っぽい部分）が見える部分を斫ってみた写真であるが，案の定，コンクリートの打継ぎ部には多くの砂が介在しており，築後4年5カ月しか経っていないのに，鉄筋腐食が進行していた。

床仕上げ材が板であり，下地組のための床下空間があるときは，床板の一部を剥がさなければ，雨水浸入の有無を確認できないこともある。

マンション新築工事の際，コンクリート打継ぎからの漏水を防ぐためと称して，目地をこしらえ，シール打ちを行うようなことは薦められない。なぜなら，目地は，コンクリート打設後，外壁仕上げ時にモルタルで仕上げを行うが，結果としてモルタルのすべてが下地に密着してはいない。また，シール材は厚10mmの2成分型変性シリコンシールでも，大気中に露出すれば劣化が意外に早く，10年程度で凝集破壊に至る可能性が高い。

コンクリートの打継ぎ部からの漏水防止は，目地シールに頼るのではなく，正しい躯体コンクリートの施工に委ねるのである（第3章1.(1)参照）。

2. 外壁の鉄筋腐食

　外壁の鉄筋腐食の原因は、コンクリート中性化進行の結果によるものを除き、次のことがあげられる。
(1) 外壁化粧目地底での鉄筋に対する被り厚不足。
(2) 地業工事として行われる均しコンクリートの水平精度不良の結果生ずる外壁全体の被り厚不足。
(3) 外壁コンクリート水平打継ぎ部の接着不良による鉄筋腐食。
(4) 外壁コンクリートに発生するひび割れによる鉄筋腐食（コールドジョイントを含む）。

(1) 外壁化粧目地底での鉄筋に対する被り厚不足

　外壁化粧目地底での鉄筋に対する被り厚不足による鉄筋腐食は修繕工事の際、必ず発見されるクレームである（**写真2-5，6**）。一般に、新築工事の際、外壁鉄筋に対するコンクリートの被り厚を設計サイドで3cm、化粧目地寸法を深さ2cm（高さ2.5cmか、3cm）と決め、設計図に記入されることが多い。

　これに対し、現場の施工サイドでは、ほとんど疑念を持つことなく、型枠チームに目地寸法を指示する。実際は、地業工事での均しコンクリートの仕上げ精度によって鉄筋の組立て精度が決まるので、ある程度の誤差もあり、目地底での鉄筋に対する被り厚はしばしば0となるのである。

写真2-5 鉄筋に対するコンクリートの被りが小さいのに,目地ごしらえにより目地内で鉄筋露出となる

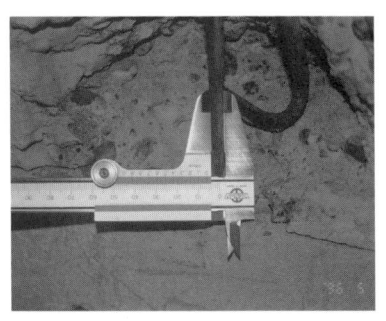

写真2-6 9φの鉄筋が腐食して6φになった(18年目)

 このような事情から,鉄筋に対する被り厚を1cm増やしたとしても,その程度では気休めにすぎない。むしろ,水平化粧目地は目地づくりを止め,仕上げのパターンを変えることを考えたい。

 外壁仕上げがタイルのときは,目地深さも幅も大き目にして(目地底仕上げのためにも),2液変性シリコンによるシール打ちとするべきであろう。

(2) 均しコンクリートの水平精度不良の結果生ずる外壁全体の被り厚不足

 地業工事として行われる均しコンクリートの水平精度が良好であることは,鉄筋組立て工事にとって最重要条件であるにもかかわらず,土工職が均して終わりとする最近の建築工事では,鉄筋組立て精度が低下し,コンクリートの被り厚不足が発生するのは当然である。

 均しコンクリートの仕上げ精度は型枠組立て精度にも影響する

が，鉄筋は重量が大きく，ごく部分的なもの以外は手直しができないので，広範囲に被り厚不足が発生する可能性がある。

(3) 外壁コンクリート水平打継ぎ部の接着不良による鉄筋腐食

外壁コンクリートの水平打継ぎ部には，次回に打ち込むコンクリートの接着の妨げとなるレイタンスの存在があるので，まず第一にこれを除去することが肝要である（8頁参照）。上階の型枠組立て中には，型枠材片，断熱材片をはじめ，型枠組立てに使用するあらゆる材料の屑，さらに近頃では，ジュースの空缶，たばこの空箱などが落下している。これらが次回コンクリートの接着を妨げ，また，雨水浸入の原因になるので除去し，コンクリート打設前に，高圧洗滌機を使用して清掃しておかないと，やがては鉄筋位置への水みちとなる。

(4) 外壁コンクリートに発生するひび割れによる鉄筋腐食（コールドジョイントを含む）

外壁コンクリートに発生するひび割れは，コンクリート収縮ひび割れや温度応力ひび割れなど，縦型だけでも多くの原因によって発生するものがあり，他に，コンクリート打継ぎ部の接着不良，コールドジョイント，ジャンカを原因とする横ひび割れなど非常に多い。

これらの中で，躯体コンクリート内への浸水の原因となるものについては，将来にわたる止水対策を講じなければならないので，注意深い対応が必要である。

3. アルミサッシ周辺の結露と漏水

(1) アルミサッシ裏面の結露

　サッシのアルミ材は,熱伝導率の高い材料（鉄の約3倍）で,結露しやすい材料である。アルミサッシの下枠は,一般に**写真2-7**に見るような形になっているので,サッシ取付前にサッシをひっくり返しておいてモルタルを詰めるのである。サッシを取り付けてからのモルタル詰めはむずかしく,ほとんど100％近い建物で,下枠裏にモルタルを詰めても空洞ができている。

　したがって,アルミサッシ下部には,後日,下枠に取り付けられる水切り板を含め,その裏面には低温時,結露が発生する（**写真2-**

写真2-7　アルミサッシの下枠と水切り板

8)。このような結露の繰返しによって，サッシ下枠裏のモルタルが崩壊し，室内への雨水浸入の原因となることがある（**写真2-9**）。また結露水が外部に流出するときは，**写真2-10**のように，低温時

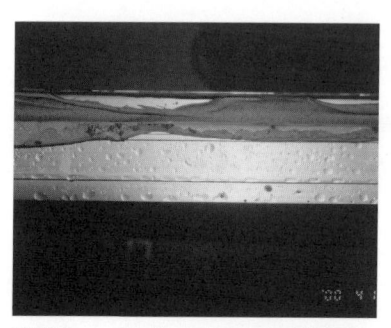

写真2-8　アルミサッシ水切り裏面の結露，外気温8℃，上方に見えるのはシール材

写真2-9　サッシ下枠裏の結露水によって詰めモルタルが崩壊し，室内へ雨水が浸入する

写真2-10　サッシ裏の結露水流下

には毎日のように外壁を濡らすので，汚染とコンクリート凍害の原因となる。

(2) 躯体コンクリートへの雨水浸入

サッシ下枠の外側には水切り板が取り付けられるが，この長さが不足でしかも両端の小口ふさぎ板（**写真2-11**）が溶接されていない例では，**写真2-12**に見るように（マンション建築では例外なく，この方式である）サッシ面を流れ落ちる雨水が小口ふさぎ板の隙間やサッシの抱部と小口ふさぎ板の隙間（シール材劣化）から壁内へ浸入し，躯体コンクリート劣化の原因となる。

写真2-11　水切り板の小口蓋が溶接されている

写真2-12　水切り板の小口蓋は溶接されず隙間がある

4. 換気ダクト，フード下の漏水と汚れ

(1) 排気ダクト

マンションの排気設備には，一般に厨房排気と浴室・便所排気の2系統があり，天井内でそれぞれ別方向に伏設される。

ダクトは，厚さ0.5mmの亜鉛鍍鉄板を使用してスパイラル状につくられ，厨房用排気ダクトは，普通，直径150mmなので延焼のおそれのある部分の外壁貫通部に防火ダンパーが必要である。

浴室・便所系統の排気ダクトは，普通，直径100mmであり，外壁に金属製換気フードを使用すれば，廊下等の防火区画貫通部を除いて，防火ダンパーの必要はない。また，ダクトは，外壁から1.5mまでは，グラスウール厚25mmの防露が必要である。

厨房の排気ダクトは，全長について，ロックウール厚25mmの耐火被覆が必要である（ダクトが可燃物に接する部分は厚50mm）。

(2) 給気口

給気口は，前記の排気口からある程度離れた位置に，100φの金属製フードと樹脂製ガラリを組み合わせたものが居室の窓付近に設けられる。これから取り入れられた新鮮な空気は，居室・廊下を経て，排気扇に至ることになる。したがって，冬期は排気扇運転時，冷気が直接居室に流入するので，室内側のレジスターは閉め切りにされることが多く，各所の隙間風が排気に利用される結果となり，

換気量が不足する傾向となる。

　寒冷地においては，給気口，または給気ダクトにはロスナイのように，直接冷気を居室などに放出しない型式の装置が必要である。

(3) 排気ダクトの設計，施工において改良すべきこと

　写真2-13に見るように，亜鉛鍍鉄板製のスパイラルダクトの先端部分が腐食してダクト内に結露水が発生したときは，腐食部からコンクリート躯体内へ漏水する状況が発生する。このように，ダクトの先端部分が腐食する例は，過去に大規模修繕工事を行った47カ所のマンションすべてにあり，例外はないのが実状である。

　1本のダクトを配して1個の排気扇で3カ所以上の室の換気を行っているダクトの腐食が特に激しいようである。新築時に，排気ダクトの先端部1m程度をSUS-304製*のダクトにこしらえておけば，将来ともこのような心配は不要である。

写真2-13　亜鉛鍍鉄板製スパイラルダクトの先端部がダクト内の結露水により腐食。結露水が躯体コンクリート内へ浸入する状態

* SUS-304＝オーステナイト系ステンレスの代表品種，加工性良好

(4) 吸排気ダクト躯体貫通部の異状

外壁躯体コンクリートのダクト貫通部は，ダクトが直径100mmのとき150mm，ダクト直径150mmのとき200mmの孔を穿ち，ダクト伏設後モルタルで埋めるが，実際はどの場合も**写真2-14，15**に見るように，はなはだ好ましくない状態であり，これでは防火区画のルールに違反するばかりでなく，降雨時には雨水が浸入し，躯体コンクリートの劣化，あるいは鉄筋の腐食の原因となり，漏水による居住環境の低下をまねくことになる。

写真2-14 ダクトの周囲に断熱材片が詰められており隙間だらけ

写真2-15 ダクトとフード鞘管との取合の隙間の処理がなされていないので，ダクト内の結露水が流下し，コンクリート凍害が発生している

5. バルコニー床防水

　マンションのバルコニーは、その使用目的から横長で通路状の形となるのが一般であり、構造は一辺固定、他辺自由のいわゆる片持ち構造となる例が多い。

　床版の縦横差が大きいこともあって、コンクリートの収縮ひび割れをはじめ、材料、工法の性質に基づくひび割れが多く発生し漏水の原因になるので、床面の防水（立上がりの一部を含む）が必要である。このような部分の防水には、かつてはシート状の防水材が使用された時期もあったが、定期的修繕や部分的なメンテナンスの容易さから、現在ではウレタンやアクリルゴムの塗膜防水が主流となっている。

写真2-16　ウレタン塗膜防水層が不連続であったので漏水し、防水層剥離（11年経過）

最近,多く見られる例として,バルコニーの床にプレキャストコンクリート版を組み込む工法があり,床面に(立上がり面も)全く防水が施されていないか,あるいは床の一部(外壁に近い部分)と幅木だけに塗膜防水(ウレタン)を施工している例が見られるが,いずれの場合も床面から漏水しているのが実状である(**写真2-16,17**)。

バルコニーの床版がプレキャスト版であっても,取付け後に現場打ちとなるコンクリートに取り合う部分もあり,跡埋めが必要な吊込み金具もあるなど,防水施工なしではすませられない。またプレキャスト版は,所詮,コンクリート製品であり,吸水率の高い砂利を含んでいるにもかかわらず,バルコニー床面(幅木を含む)に対する防水の考え方が曖昧になっていることに驚かされる(**写真2-18**)。

バルコニー床版が現場打ちコンクリートである場合の実例では,ウレタン塗膜防水を施工している例が多いが,塗膜防水は塗膜の厚さが命であるにもかかわらず,膜厚管理が行われた形跡は見当たらず,好き勝手に施工したとしか思えないのが現在の平均的状況である。

写真2-17 バルコニー上階,床のひび割れから漏水

塗膜防水についていうと，メーカーとその製品によって必要とする膜厚が相違するので，施工法のみならず必要塗膜厚についてもメーカーの責任において明示し，専門業者も必ずこれを遵守することが当たり前になるよう願うものである（**写真2-19**）。

写真2-18 バルコニー床面の砂利が吸水しポップアウトを発生

写真2-19 バルコニー床のウレタン塗膜防水層の実状。塗ったり塗らなかったりする

6. バルコニーのアルミ手摺の問題点

(1) 既存のアルミ手摺とは

　マンションのバルコニーの手摺は，1982年頃よりそれまでの鉄製のものに替って，アルミ製のものが多く使われるようになった。アルミ製のものは材の純度が高く，適切な陽極酸化皮膜などを施されたものは，普通の環境では腐食することはなく，清潔感があり，近代感覚に適っているとして，鉄製にとって替るかに見えた。

　しかし，建物竣工から数年後，アルミ手摺支柱が埋め込まれている部分のコンクリート躯体四隅にひび割れが発生したり，アルミ支柱周囲に詰められたモルタルが浮き上がるなどのクレームが発生するようになった。

　このような状態のまま適切な修繕が行われなかった場合，建物全般の耐久性に対する影響はないにしても，該当部分のコンクリート強度を弱め，劣化の程度によってはコンクリート片やモルタル片の落下による事故発生の危険があるので修繕が必要である。

　在来アルミ手摺は，製品の型式に多くの種類があるが，ものによっては支柱内への雨水浸入を阻止することができないこともあるので，修繕にあたっては十分な事前調査が必要である。

(2) アルミ建材の性質

　アルミ建材は，以下のような材質に伴う製作上の制約があるので，

在来使用されている形のものを一度補修したとしても30年以上使用することには無理があると思われる。

その理由としては，
① 溶接は鉄材と比較してむずかしく，高価であり，部材相互の接合はビス止めを基本とする。
② アルミと鉄の溶接は不可。したがって，手摺支柱に鉄製角パイプを仕込み，この基部とコンクリート内の鉄筋を溶接し固定させる。
③ アルミは線膨張率が大きいので（鉄の約2倍），手摺笠木のように長さのあるものの接合部は溶接せず，目透しとし鞘状接手か合成樹脂製カバーを取り付ける。

(注) 金属の物理的性質（日本金属学会編　金属便覧より）

線膨張率 (20℃) $[10^{-6}\ deg^{-1}]$	アルミニューム	23.9
	鉄	11.7

(3) アルミ手摺支柱基部コンクリート劣化の原因

アルミ手摺笠木の継目は，温度変化に伴う伸縮の影響を避けるうえでも溶接されない。したがって手摺の角ごと，並びに直線部の長さ5m内外に継目ができる。この継目は材の伸縮に対応するため，5〜7mm幅の隙間となっており（**写真2-20**参照），鞘状接手を挿入するか，幅30mmの合成樹脂カバーを被せてあるにすぎない。

したがって，雨水は手摺笠木内へ浸入しやすく，支柱埋込み底に溜まる可能性がある。

この溜まり水が周囲のコンクリートを湿潤化させ，アルミ支柱に組み込まれている鉄製角パイプや鉄筋を腐食させ，その膨張圧によって，またはコンクリート凍害によってコンクリート爆裂が発生

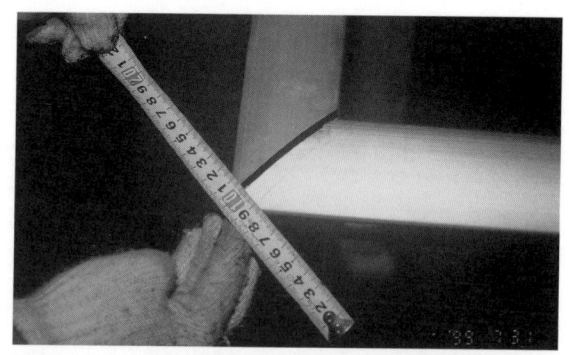

写真2-20 アルミ手摺笠木の接目の樹脂製カバーをはずしてみると縦・横の笠木には隙間があり（この場合5mm），笠木上の雨水は笠木内を経て支柱に流れ込む構造になっている

するのである（**写真2-21**参照）。

また，最近，**写真2-22**のようにアルミ支柱とパラペットコンクリートの接点にプラスチック製カバーを取り付け，支柱との隙間にシール材を詰めている例を見るが，シール材は紫外線による劣化が意外に早いので，10年経過後には在来品を使用したのと同じことになる。アルミ手摺材は，相応の強度と耐久性を必要とする支柱材を厚1.6mmの鉄製亜鉛鍍金角パイプに委ね，外側の見えがかりだけを薄肉（1.0mm）のアルミ製角パイプに受け持たせる考え方であるが，60年，あるいはそれ以上の耐久性を期待すべき建物には，全くそぐわないのである。

しかしながら，待望久しかった鉄パイプ不要の肉厚アルミ角パイプが昨年より製造販売されるようになったことは，マンション建築にとって大いに歓迎すべきことである（肉厚アルミ手摺の取付けについては第3章参照）。

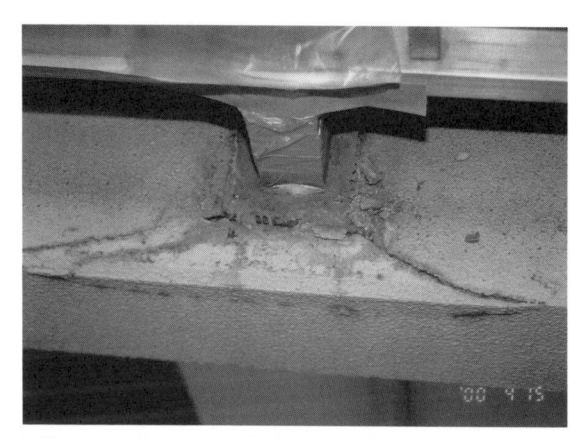

6. バルコニーのアルミ手摺の問題点　37

写真2-21　支柱下部に浸入した雨水によって支柱に仕込まれた鉄製角パイプや周囲の鉄筋が腐食，膨張厚により，あるいはコンクリート凍害によりコンクリートが爆裂する

写真2-22　アルミ支柱とプラスチックカバーの間に浸入した雨水がパラペットの水しも側へ流出している

7. 今流行の簡易なモザイクタイル張りの不具合

　1989年（平成元年）11月，北九州市で発生した外壁タイル落下による死傷者発生を契機に翌年5月，住指発221号によりタイル張り工法の見直しと外壁タイル張りの定期報告実施について建設省通達が行われたが，それ以来皮肉なことにマンションの外壁には，いわゆる45 2丁掛と称される95×45×7〜8mm，もしくは45×45×7mmのタイルをコンクリート躯体に直張りする簡易なタイル張りがいっせいに行われるようになった。

　この種のタイルが薄くできている特徴を利用して，300×300mmの大きさごとに表面紙張り，または裏ネット張りとしたユニットタイルを，躯体コンクリートに先行して塗られた張付け用モルタル（厚1.5〜2mm）に押し付け，叩き板を当てて叩いて張り付ける方法である。厚7〜8mmのタイルが張付けモルタルに押し込まれる結果，目地の深さは4〜5mmにしかなり得ないのである。

　また，このような簡易なタイル張りを行うための新築工事設計図には，「タイル直張り」あるいは「コンクリート打放しのうえ，タイル張り」と明記されているのであるが，これではタイル張りの下地はいっさいこしらえなくてよいから，型枠をはずしたらすぐタイルを張ってよいということになる。

　しかし，型枠を取りはずした外壁面は，型枠の組立て精度と締固め方法によって型枠全面の歪みのほか，隣り合った型枠相互間，あ

7. 今流行の簡易なモザイクタイル張りの不具合

るいは，各階の接目において3〜5mmの段差が発生するのが常であり，モルタルで下地こしらえをすることなくこの状態のままタイル張りを行うならば接着不良部ができるのは当然である。

また，型枠をはずしたコンクリート面には，タイル接着の妨げになるジャンカ（豆板状コンクリート），コンクリート面の巣孔，汚れ，あるいはコンクリート打継ぎ位置に混入した木片，断熱材，紙屑の介在などもあって，適正なタイル張りのための下地こしらえをせずにタイル張りを行うと，しっかり接着しないタイルが発生するのは当然のことである（**写真2-23**）。

「そんな施工をしたら，タイルはすぐ落ちるではないか」と反論されるかもしれないが，タイル張りというものは，タイルの目地がしっかりしているうちは意外に落ちないもので，その反対にタイル目地モルタルが切れたときは簡単に剥落する。

写真2-23 躯体コンクリート面に型枠の段差（5mm）があるのに，そのままタイルを張ったが接着しなかった。一部斫った跡もそのまま残されている

タイル目地用としてつくられた目地材には接着力があり，耐久性も優れてはいるが，長年月を経過すると，雨水の浸入もあり，躯体コンクリート劣化の影響もあって，タイル相互の目地材が劣化し，タイル自体の接着力が弱いタイルは剥落する可能性が高い。タイル工事は，タイル自体の接着力を確保する施工がまず基本である。

(1) タイル張りの下地こしらえ

タイル張りの下地コンクリートに，木片，断熱材片，紙屑，鋸屑など，タイルの接着を妨げる雑物が混在しているときは，これらを必ず除去し，ジャンカやコールドジョイントの隙間を埋め直すのは当然である。型枠相互間や各階の接目の段差も，高い部分を削り下地をモルタルで補修するのであるが，その前にコンクリート下地を高圧洗滌機（100～120kg/cm^{2}f）で洗うのがタイル張りのための必須条件である。

浮きタイルを剥がしてみると，驚くべきことに高い部分は斫ったまま，低い部分も手を掛けることなく，また，張付けモルタルを塗ったが，下地の汚れなどによってタイルの裏面には接着したけれども，下地コンクリートに接着することなく，結局，タイルは浮いたままの状態で，目地モルタルが施されているのが発見されるのである（**写真2-24**）。目地モルタルが切れれば，タイルは剥落する。

タイルは，目地モルタルが健全なうちは容易に剥落しないものであるが，目地が破断すれば簡単に剥落する。45 2丁掛タイルのように，目地モルタルの厚さが4～5mmにしかなり得ないものは20～25年経過したとき，経年劣化により目地モルタルが破断し，剥落事故となることを恐れるものである。

近頃は，45 2丁掛全盛の感があり，いわゆるバブル期以降に建設

7. 今流行の簡易なモザイクタイル張りの不具合　*41*

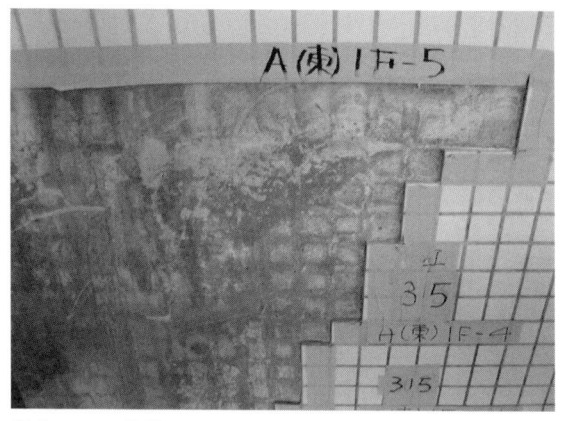

**写真2-24　躯体コンクリートの汚れによってタイルが
コンクリート面に接着せず，それらの隙間
に発生した結露水が流れた跡が黒く見える**

された建物のタイル事故が新聞紙面を賑わす可能性が現実になりつつある。したがって，外壁がタイル張りの建物は，最低10年に一度はゴンドラを吊ってタイル張りの健康診断を行い，危険なものは即刻修繕しなければならない。

（2）簡易なモザイクタイル張りの伸縮調整目地

前述の通り45 2丁掛，あるいは45角モザイクタイルの厚さは裏足とも7〜8mmである。コンクリート躯体に張付けモルタルを塗ってタイルを張った結果は，目地深さは4〜5mmで，これを伸縮調整目地としても，日本シーリング工業会制定ハンドブックに示されているノンワーキングジョイント目地設計許容深さ10mmの1/2以下にすぎず，したがって10年の防水性能を期待することはできない（**写真2-25，26**）。

このような深さの浅い目地に弾性シール材を打って，タイル張り

42　第2章　マンション建築の早期劣化の実状

写真2-25　45 2丁掛タイルの伸縮調整目地シール13年経過の実状（凝集破壊，目地深さ4.5mm）

写真2-26　45 2丁掛タイルの伸縮調整目地シール9年経過の実状（目地深さ4.5mm）

の伸縮調整目地として扱っているのが一般的であるが，シール材の厚さが5mm程度であれば2液変性シリコンシールであっても，5年を経たとき劣化により凝集破壊*に至り，防水をも考慮に入れて使用したはずの弾性シール材が，かえって雨水の浸入を促進する結果となる。また，建物の耐久性能上，伸縮調整目地に弾性シール材を使用する以上，劣化の早いポリウレタンシール材や周囲を汚染するシリコン系の使用は控えなければならない。

* 凝集破壊＝シーリング材自体が破壊した場合をいう

(3) 躯体コンクリートに伸縮調整目地をつくる

前述のように，薄いタイルを張付けモルタル（厚1.5～2.0mm）によって張り付ける工法を採用する場合は，目地深さを確保するためコンクリート躯体にも目地棒を取り付けて目地をこしらえることになるが，この目地はタイル張りの目地と若干違う位置にあるのが実状である。しかし，タイル張りの伸縮調整目地と躯体コンクリートのそれとは，あくまで同じ位置でなければ効果は期待できない（**写真2-27**）。

したがって，躯体コンクリートにも目地をこしらえる場合は，あらかじめ施工図の段階でタイル目地と躯体コンクリート目地を一致させる工夫が必要である。タイルは1ユニットの寸法が決まっているから，建物の各階高（または幅）をタイルユニット寸法によって調整しなければならない。

コンクリート躯体に目地をこしらえる場合，現場作業として注意すべきことはコンクリート打設時，目地棒の裏に隙間ができないようにつき固めを行うが，実際は目地棒を取りはずした跡をモルタルで仕上げを行うのでなければ，弾性シール用の目地に適した精度に

44　第2章　マンション建築の早期劣化の実状

写真2-27　タイル張り部の伸縮調整目地と躯体コンクリートの目地が約2cmずれている。タイル下地も目地こしらえも粗雑である

写真2-28　12年経過した弾性シール材。左側は全く劣化していないが，縦目地から右側は完全に劣化している（原因は本文参照）

はならない。したがって、目地棒は最小でも、15×15mmのものを使用して12×12mmに仕上げるのである。

弾性シール材が紫外線に対していかに弱いものであるか、**写真2-28**に示す。これは築後12年経過の写真だが、シールが劣化していない左側の部分は新築時から看板でおおわれていた部分なのに対し、右側は太陽光にさらされ続けた部分である。このことから、外壁がタイル張りでなく、塗装仕上げならばシールにも塗装をかけるべきである（塗膜を汚染するシール材を避けること）。

(4) 外壁タイル張り工法に対する考察

1970年は、戦後の日本経済の第一次高度成長期であり、建物の新築需要が非常に旺盛で、建物の外壁仕上げもそれまでのモルタルペンキ仕上げや打放しコンクリートではなく、タイル張りが全盛の時代であった。

この当時の外壁タイルは、美観の保持と接着力ある施工を競い合った時代でもあった。白華（エフロレッセンス）を許さず、安定した接着力を期待する考えから、タイルは蟻足[*1]のある磁器質で厚さ12〜13mmの小口平[*2]（60×108）を最良とした。

この理由は、タイル裏面に張付けモルタルを載せたとき、四隅に隙間ができにくく、また、モルタルの厚さも均一にしやすく、したがって張り付けたとき、下地への接着性が安定するからである。タイルが大きいと、四隅に張付けモルタルの隙間ができやすいので、2丁掛[*3]までといわれていたものである。

*1 蟻足＝タイル裏面の凸形溝の形が台形であること
*2 昔のレンガは108×60×210mmで、これを長手方向に直角に切断してタイルとしたものを小口平という。現在は108×60×12〜13mmの大きさでタイルとして製造されている

*3 小口平タイルの長辺が2倍のタイルを2丁掛タイル（227×60×12〜13mm）という

材料どうしの接着のメカニズムとして，材質にかかわらず接着面が接着剤（接着用モルタル）によって濡れなければ接着しない。濡れ方が足りなければ接着力も不足するから，直張り工法のように先にモルタルを塗っておいてタイルを張る方法は，外気の影響もあり張るタイミングがむずかしい。

当時は，現在，盛んに行われているように，型枠をはずしたままの躯体コンクリートにタイルを直張りするなど，誰ひとり考えもしなかったことである。躯体コンクリートの型枠をはずしたままの状態とは，コンクリート面の不陸（タイル下地），木片・断熱材片等の残存，鉄筋に対する被り厚不足，ジャンカなどのほか，躯体コンクリート打設期間中に発生する塵埃の付着など，どれ一つ取りあげてもタイルの接着を妨げる現象があるのである。

もちろん，このような不用意なコンクリート打設とならないように努力したとしても，特に下地モルタル塗りについては，筆者らの経験では最低で下地面積の3％程度の浮きが発生するので，これがなくなるまで，繰り返し塗り直すのは当然のことであった。

縦，横の目地材に，すべてセメント系目地材を使用し，すでに36年を経過して一度もタイル補修を行ったことのないSRC造10階建て，延7,300m^{2}の事務所ビルが市内に現存する例を見るにつけ，建物造りとは設計，施工とも，いかに誠意を尽くすべき行為であろうと信ずるものである。

8. 外壁塗装の現状と問題点

　建物の外装仕上げ方法には多くの種類があるが，マンション建築に限ってみるならば，その体裁と経済性から下地をコンクリート打放し，またはモルタル塗り，あるいはセメント成型板を下地としてタイル張り（改良積上げ張り，簡易なタイル張りなどがある）か塗装仕上げが行われる。なお，共用玄関，ポーチなどに限れば石張り仕上げもある。また，仕上げ方法に限定して表現するならば，タイル張りか塗装仕上げのいずれかとなる。

　最近流行の簡易なタイル張りについては第2章7.にその問題点を詳述したので，ここでは従来，マンション建築で広く使われている塗料と，今後，建物の長期的保全を目標として採用すべき塗料とその施工について述べる。

(1) マンションの外壁塗装
吹付けタイル

　外壁コンクリートの塗装として，最も多く使用されているのはアクリル系吹付けタイルである。トップコートとしては，アクリル系のほかにポリウレタン系，アクリルシリコン系，フッ素系などがあり，それぞれトップコートの耐候性などに特徴がある。

　アクリル系吹付けタイルを例に，吹付けタイルとは何かを概略説明する。アクリル系吹付けタイルとは，適量のアクリル樹脂エマル

ション*¹に無機質フィラー*²,骨材,白色顔料および体質顔料等を加えてつくられる塗料であり,その施工はプライマー塗り,主材基層吹き,模様吹きを経て,トップコート塗り,の順序で行われる。トップコートは,アクリル樹脂に顔料を加えた溶剤型と,エマルション型(水系)がある。

これらの塗装工程の中で,外壁コンクリートの保護に直接関わるのは基層吹きであるが,その塗膜厚は0.3~0.7mmにすぎず,コンクリートに発生するひび割れの挙動もあって破断しやすい。

また,マンションの場合,吹付けタイルの施工はプライマー塗りの後,主材の基層吹きを省略し,模様吹き,トップコート塗りとする例を多く見かけるが,これでは塗装面積の過半部分が厚さ50~60μm程度のトップコートにおおわれるだけで,耐久性はトップコートの性能だけとなる。これならばリシン仕上げと同じことで,みてくれはともかく,躯体コンクリートを長期に保全する方法とはいえない。

*1 エマルション=水に溶けない合成樹脂が,乳化剤の作用により,小さな粒となって水中に分散したもの(水性)
*2 無機質フィラー=塗料においては,炭酸カルシウム粉末が一般的である

(2) アクリルゴム塗料

この塗料の詳細については,第3章8.に詳述しているので,ここでは材料と施工法の要点について述べる。

〔留意点1〕 材 料

JIS A 6021の規格品であり,アクリルゴム系樹脂固形分が50%を超え,かつ可塑剤*を含まないものであり,

8. 外壁の塗装の現状と問題点   49

15年以上の使用実績を有する製品であること。

弾性塗料の名称で販売されているにもかかわらず，アクリルゴム系樹脂固形分の含有量が少なく，可塑剤を添加して一時的に塗料の伸張性を補っているもの（実際はこのタイプが多い）は，可塑剤の効能が低下するとゴムの伸びが低下するので論外である。

* **可塑剤＝ゴム，プラスチック系材料に製造過程での加工性，製品としての柔軟性を適度にするために添加する材料**

〔留意点2〕 施工上の注意

アクリルゴム塗料を施工するにあたっては，従来使用されていた他の種類の塗料はすべて剥がし，下地コンクリートに発生しているひび割れをはじめ，空隙部，鉄筋腐食部はいうまでもなく，コンクリート表面の気泡潰しまでを含めて補修を行い，接着力に優れるカチオン樹脂モルタルしごきを行うことが大切である。

このとき在来塗料が無機質である場合は電動工具で，また有機質の場合は剥離剤を使ってケレンし，いずれの場合も最後は高圧洗滌により残滓を除去する。アクリルゴム塗装のための下地処理や塗装工事の要点については，第3章8.を参照のこと。

〔留意点3〕 アクリルゴム塗料の保全

アクリルゴム塗料は，トップコートが紫外線などの影響によって劣化し，ひび割れが発生する。そのまま放置すると，内部のアクリルゴムの伸びが低下する。

アクリルウレタンのような 2 液型のトップコートでも，その耐用年数は10年なので10年ごとに塗替えが必要である。その際，アクリルゴム主材も塗り足す必要があるかどうか，検討が必要である。

　アクリルゴム塗料が定期的な塗替えによって所定の伸張性を維持するかぎり，外部からの雨水の浸入もなく，躯体コンクリートの中性化は進展しない。現在までのところ，コンクリート躯体保護機能において，最も信頼できる塗料であると思われる。

第3章

修繕工事の考え方と方法

1. 躯体コンクリート水平打継ぎ部の修繕

　鉄筋コンクリート造建物を早期に弱体化させる躯体コンクリートの欠陥，たとえば水平打継ぎ部のジャンカ，打継ぎ部の清掃欠落による躯体コンクリートの一体化不良，コンクリート填圧不良，並びにコールドジョイントの発生などは，1990年（日本経済のバブル崩壊）以降に完成したマンション建築において多く見られるようになり，その結果，第1回目の修繕工事費を大幅に引き上げることになった。このことについては，第1章1.に記した通りである。

　この種の欠陥は，鉄筋コンクリート造建物の耐久性に根源的に関わる鉄筋腐食に繋がっているので，遅くならないうちに（鉄筋が腐食によって痩せないうちに）正しい修繕を行う必要がある。

(1) 外壁の水平打継ぎ部の修繕

　各階の水平打継ぎ目地は，幅2.0，2.5，3.0cm，深さ1.5，2.0cmのいずれかの組合せによる目地にシール打ちが行われているのが一般であるが，既存の目地シール裏には建物保全上，望ましくない瑕疵が隠されていることが多いので，目地部を斫ることによって現れる下地を調べ，必要な処置を行ってから再び目地こしらえをするような工事はやめ，目地は埋めてしまうことを前提に修繕対応をするべきである。

　その方法は，既存の目地に対し目地シールがある場合はこれを撤

去し，目地下端から1cm下がり，目地上端から2cm上がりの位置にカッターを入れ，深さは既存より1cm奥まで（鉄筋を傷めないよう）とし，目地部のコンクリートを欠き取って，斫り滓(かす)を取り除いてみることによって，修繕の必要性，並びに何をどこまで修繕すべきかを一目瞭然にできるのである。

まず第一に，鉄筋の腐食の程度とその範囲，外側の鉄筋ばかりでなく，内側鉄筋も腐食しているときは，雨水が室内へ浸入している可能性もあるので，場合によっては内側壁コンクリートを斫り（コンクリートの斫りについて，構造設計者と協議の必要あり），隙間を残さない埋戻しが必要になる等,修繕は一段とむずかしくなるが，水平打継ぎ部にはしばしば粗雑なコンクリート打設の結果発生するジャンカによって，コンクリートに空隙が生じていることがある。このような場合は，この周辺のコンクリートの中性化が進行して鉄筋腐食が重度であるときは，腐食鉄筋やり替えのため縦横15cmを超える斫りが必要になる可能性がある。

一般的な修繕方法としては，コンクリート斫り，腐食鉄筋の錆落しを行い，斫り屑などを片付けてエアーブロワーで清掃のうえ，鉄筋並びに周辺コンクリートのアルカリ付与を経て，アルカリペーストの塗布後，コンクリート打継ぎ面に吸水防止剤塗りを行って，型枠を取り付け，無収縮モルタル注入により復旧するのである。また，鉄筋腐食が外側だけで，埋戻し深さが5cmまでならば，無収縮モルタル注入に替え，樹脂モルタルで埋めることも考えられる。

既存の目地は，鉄筋に対する被り厚が不足している場合，これを埋め，塗装の仕上げ方法を変える（たとえばパターンを変える）ことによって目地を表現する方法とする（塗装仕上げのため，各階ごとに目地状のものは必要）。

外壁がタイル仕上げのとき，伸縮目地を取りやめることについては，建設省通達（住指発221号）もあり，異論もあろうかと思われるので，これをどのように扱うべきかについては今後の問題とする。現在行われているように，45 2丁掛タイル（45角タイルも）の目地深さが4～5mmにしかなり得ないのでは，これにどのようなシール材を使っても5年程度で凝集破壊を起こし，かえって雨水浸入の原因となるのである。

(2) 躯体コンクリート水平打継ぎ部の清掃欠除による一体化不良

建物修繕を行うにあたり，まず最初に行う調査は外壁仕上げ面の打診調査である。工事用足場組立てが完了しだい，打診調査を行う。

  タイル打診棒＝長さ50cm内外，先端に18～20mmの球付，真鍮製クローム鍍金，タイル張りの調査に不可欠（第3章7.参照）

  テストハンマー＝打診部スチール製，柄木製，長さ40cm程度，コンクリート面調査用

a. 外壁コンクリートの調査

テストハンマーを使用して全面叩きを行い，音の違いごとに紙テープに記入して貼り付ける。水平打継ぎ目地の周辺は，十分注意して打診し，区分けして記載しておく。

b. 試し斫り

水平打継ぎ目地周辺で打診音に疑念のある箇所を長さ90cm程度に分け，長さ6mに対して3カ所程度，水平目地下端より1cm下

がり，上端より2cm上がりの幅で，深さは在来目地底より1cmまでとして，カッターを使用し，鉄筋に傷をつけないよう試し斫りを行う。

c. 試し斫り結果の検討

試し斫りの結果，水平打継ぎ部にレイタンスや夾雑物があり，均し状態も悪くコンクリートの一体化を妨げているときは，あらためて斫りの大きさ，長さ等について計画図を作成し，構造担当者と協議のうえで斫り寸法を決定する必要がある。また，この段階で概略の追加工事費を算出し，管理組合に報告することも必要である。

水平打継ぎ目地周辺以外の外壁では，斫り，埋直しが必要な箇所がどこにどの程度のものがあるかを，必要ならば試し斫りを行って前記の計画図に記録する。

(3) 外壁コンクリート水平打継ぎ部のコンクリート一体化を妨げる設計並びに施工

近年，高層の建物でも，主として経済性の観点から鉄骨を使うことなく，鉄筋コンクリート造として設計されるようになった。その結果，図1-1に示すように，鉄筋コンクリート柱の水平打継ぎ部の主筋間隔が狭く，コンクリートを打設しても鏝を使って均すことができず，結果としてレイタンス除去ばかりか掃除さえままならず，前述した夾雑物も取り除かれることなく，柱のコンクリートに取り込まれている建築現場を見ることが多くなった。

コンクリート打継ぎ面はまず第一に，打設後の均しのあと，ただちに金鏝で仕上げ，歩行可能となりしだい，高圧洗滌機を使用して，レイタンスを除去しなければならない。そのためには，柱の主筋を

一辺について2〜3カ所寄せて柱筋の間から鏝を入れ，打継ぎ面を均すことができるように，あらかじめ配筋を調整しておくのが当然ではあるが，そのように施工されていない工事現場が多いのは，はなはだ遺憾というほかはない。

　マンション修繕にあたり，このように夾雑物が残されている状況に遭遇したときは，構造上可能ならば柱外面から10cmまでのコンクリートをカッターを使用して高さ5〜6cm欠きとり，腐食鉄筋処置，アルカリ付与を経て，エアーブロワー，高圧洗浄機を使用して清掃のうえ，型枠を取り付けて無収縮モルタルを注入するのである。コンクリート柱外面から10cmまでをカットすることが無理な場合は，柱主筋の中心までのコンクリートをカットし，型枠付け，無収縮モルタル注入とする。このように修繕をしなければ，打継ぎ部からの雨水の影響で鉄筋腐食が懸念されるのである。

(4) 鉄筋コンクリート外壁等に発生するコールドジョイントの補修

　鉄筋コンクリート構造物のコンリートを打設する場合，床面から1.8〜2.0m，あるいは梁下端の高さで回し打ちとしながら，所定の高さまで打ち上げる方法を採ると，先行して打ち込まれたコンクリートの経過時間しだいで新しく打ち込まれたコンクリートとの境目に，新旧コンクリートが一体化しない，いわゆるコールドジョイントといわれる欠陥が生じ雨水浸入の原因になるので，そのまま仕上げを行うわけにはいかない。

〔補修方法1〕　　コールドジョイント全長に対して，鉄筋探査器を使用して鉄筋位置を調べ，30cm内外ごとに試し斫りを行い，鉄筋が腐食していないことが確認できれ

ば，エポキシ樹脂低圧注入工法で補修する。鉄筋腐食が認められたならば，前記 (1) に倣い補修を行う。

(5) 躯体コンクリート填圧不良によって発生する横ひび割れの補修

水量の多い流動性の高いコンクリートを型枠内へ投入し，バイブレーター，つき棒などで填圧することを怠ると，柱の場合はフープ筋，壁の場合は横筋に邪魔されてコンクリートが落ちきれず，鉄筋の下側に隙間ができたまま硬化する。

これらの隙間は，コンクリートの乾燥収縮の進行によって**写真1-10，11**に見るように横ひび割れを発生させ，やがて雨水が浸入する。

〔**補修方法2**〕　コンクリートの材令が若くても鉄筋腐食が発生している可能性が高いので，コンクリートを斫り取り，前記 (1) に倣い鉄筋の錆を落し，無収縮モルタル注入，もしくはモルタルを充填する。

2. 鉄筋腐食の調査と修繕

　外壁鉄筋腐食（柱，梁を含む）の多寡は，鉄筋コンクリート造建物の寿命にとって最も基本的問題であるが，日本経済のいわゆるバブル期以降に建てられたマンション建築において大いに危惧すべき問題となっている。

　特筆すべきは，各階水平打継ぎ部コンクリートの粗雑な施工によって発生するジャンカ，あるいはコンクリートの接着不良の大幅な増加があり，これらの欠陥は築後10年程度でもコンクリートと鉄筋の一体化を損う状態を生み出し，しかも各階打継ぎ部の広い範囲に発生している傾向から，第1回目の修繕工事の際に修繕の最重点課題として取り扱う必要がある。

(1) 鉄筋腐食の調査

　鉄筋腐食はこのほか，地業工事の配慮不足により発生する外壁鉄筋の鉛直精度不良によって，鉄筋に対するコンクリートの被り厚が少なかったり，目地こしらえに対して鉄筋の被り厚が不足する状況が外壁全体に散在しているので，十分な注意力をもって調査を行わなければならない。

(2) タイル張り下の調査

　まず第一に行うべきは，全階の水平打継ぎ目地周りの調査である。

打診棒を使ってタイル面に対して目地周りのタイル表面を撫でるように上下左右に動かし，音の変化を聞き，音の種類によっては，左（右）手指をタイルに当て，再度打診することによってタイルの浮き具合がわかるので，音の種類ごとに色テープで区別けしておく。

1階分の調査が終わったら，打診時のタイル振動の大きな箇所を数カ所について試し斫りを行い，鉄筋腐食の有無や状況を調べる。その結果によって，どこまでを斫り調査の対象範囲にするかを判定する。

その階の調査が完了したら，調査図を作成し各階に対する斫り調査範囲を決めて本調査を開始するが，修繕工事費が過不足にならないように事前調査を慎重に行い，修繕に要する費用を算出する。

タイル張りの修繕には，張替えタイルの用意が不可欠なので，事前に見本焼を行ってタイルの単価と下地こしらえ込みの施工費を決めておく。また，新たに焼いたタイルの色合いは，在来品と若干相違することを事前に諒解を得ておくことも必要である。

(3) コンクリート＋塗装仕上げの調査

この場合の鉄筋腐食の調査は，コンクリート用テストハンマーで仕上げ面をある程度強く打診し，打診音と手への反動で判断することになるが，要領はタイル張りのときと同様である。ひび割れなどから錆汁が流下している箇所は，斫りの対象となる。

(4) 水平打継ぎ目地部以外の調査

目視で異状を感じなくても，打診を行うことによって鉄筋の周囲に異状があることを知ることができるので，外壁全面叩きを行い異状音のある箇所には色テープを貼り付け，後からでもわかるように

しておく。

　異状音のある箇所の多くは、壁筋の結束状態が悪いため部分的にコンクリートの被り厚が不足しているか、もしくは外壁仕上げの都合などで被り厚が不足している箇所で、鉄筋に異状が発生している可能性がある。

　1階分の調査が完了したらテスト斫りを行って個々の異状を確認し、具体的な処置方法を決めて図示する。この作業を繰り返すことによって、修繕の全体像を把握することができる。

(5) 鉄筋腐食の処置

① 錆ケレン

　腐食鉄筋のケレンは、鉄筋の裏側へワイヤーブラシなどが入る深さまで周りのコンクリートを斫り、砥石付きディスクグラインダー、ワイヤーブラシ等を使用して鉄筋に光沢が出るまで錆落しを行い、エアーブロワーで清掃する。

② 浸透性アルカリ性付与剤塗布等

　刷毛を使ってケイ酸リチューム原液を鉄筋および周囲のコンクリートに、押し込むように塗り付ける方法から始めることになるが、材料一式を製造販売し、実績を有するメーカー[*]があるので問い合わせるとよい。

　[*]　太平洋マテリアル株式会社　リフリート工法

③ 腐食による鉄筋の断面欠損または切断の処置

　該当する鉄筋腐食部分のコンクリートを斫り、鉄筋を切断撤去し、至近の位置にケミカルアンカーで在来に倣い、上下、あるいは左右

に新規鉄筋を埋め込み結束する。

(6) 斫り部分の埋戻し

コンクリートの斫り部分が深く,モルタル塗り作業で復旧することが適当でないときは,リフリート工法のあと,型枠を取り付けて無収縮モルタル注入とする。

(7) 外壁の中性化防止策

コンクリートは,空気に接することによって,やがてアルカリ度が低下しいわゆる中性化*する。コンクリートが中性化しても,水分と酸素の浸入がなければ鉄筋腐食は発生しないが,実際のコンクリートは膨大な量のひび割れや気泡,毛細管現象が生じているので,壁面全体を長期にわたって弾性と耐久性を保有する塗膜でおおわないかぎり,これらの浸入を阻止することはできない。

この考え方から後述第3章8.に,筆者がタイル張り以外のすべ

写真3-1 無収縮モルタル注入用型枠取付け

ての建物の外壁に使用しているアクリルゴム塗料の施工について述べる。

* コンクリートの中性化＝コンクリートが空気中の二酸化炭素の影響によって中性化する現象をいう。初期コンクリートのpHは12.5といわれているが、アルカリ性が低下し中性化に向かう。中性化の程度と水分の影響によって、コンクリート中の鉄筋に錆が発生する。

3. アルミサッシ周辺の結露と漏水

(1) アルミサッシ型材裏面の結露発生の仕組み

　アルミサッシ下枠は，**写真2-7**に見るように型材の裏面が複雑な形をしているので，サッシ取付け前にモルタルを詰め(第一次詰め)，モルタルが硬化してからサッシ取付けを行い，さらに第二次モルタル詰めを行うのでなければ必ず隙間が残るので，低温時，結露が発生し凍結融解の繰返しによって，やがて後詰めモルタルが破断し(**写真2-9**)室内側へ浸水するなど，10年を経過してから降雨のたびに大騒ぎになる例がある。

　また，サッシの取付け用アンカーを躯体の鉄筋に溶接し，三方枠周囲と下枠下に(第二次)モルタル詰めを行った後，下枠外側に水切り板(**写真2-11**)を取り付けるが，取付け後のモルタル詰めを手作業で行えば，裏面の溝型に邪魔されて隙間ができるので，これまた結露発生の原因となるのである(**写真2-8**)。

(2) アルミサッシ下枠裏面の結露防止方法

　アルミサッシや水切り板の裏面に隙間が残れば結露の原因になるので，下枠裏の隙間についてはエポキシ樹脂注入を行うが，その前に水切り板は一般に長さが不足であり，小口ふさぎ板が水切り板と溶接されていない製品が取り付けられ，裏面の詰めモルタルに隙間があるのでこの部品を取り替えることを前提とする。

(3) 改修方法

① サッシ下枠に取り付けられた既存の水切り板を，下枠材に変形を与えないように撤去する。

② 下枠裏面の詰めモルタルの隙間埋めは，下枠の斜め下から既存詰めモルタルに削孔し，手動式ガンを使用してエポキシ樹脂を注入して隙間を埋める（グリス状，マヨネーズ状を隙間の大きさにより使い分ける）。

③ 新規水切り板は，外壁面よりの出寸法が25～30mmで，サッシの内法幅より左右それぞれ30mmずつ長いものに，小口ふさぎ板を溶接したもの（表面より全周溶接，**写真2-11**）を下枠にビス止めで固定し，アンカー溶接のうえ型枠を取り付け（周囲漏れ止めシール打ち），無収縮モルタルは片押しで注入する。

　サッシが連窓のときは，5.4m前後の長さごとに仮仕切り板を取り付けておき，片押し注入する。無収縮モルタルは，プレミックスタイプを使用する。

写真3-2　手動式注入ガン使用中

3. アルミサッシ周辺の結露と漏水　65

写真3-3　無収縮モルタル注入ホースと型枠。左端にエアー抜きホースが取り付けられる

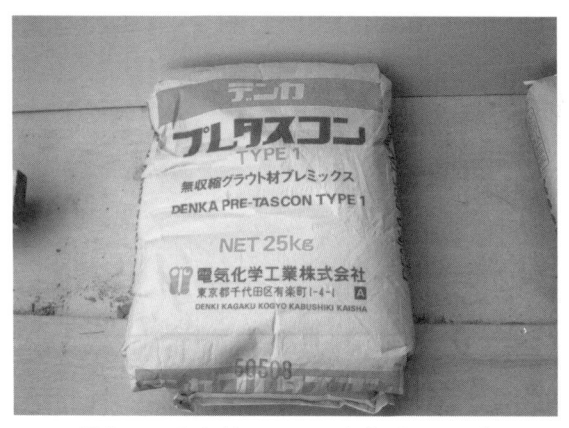

写真3-4　無収縮モルタル（プレミックス）

4. 換気ダクト，フード下の漏水と外壁の汚れ

　マンションの換気設備で改善しなければならない点は，ダクトについてはその材質および外壁貫通部の施工であり，また，換気フードについては①フードの選択，②フードの鞘管とダクトの取合い部の水密性の確保，③フード周辺の汚れ防止対策があげられる。

　このようなクレームが発生する原因は，換気設備だからと設備業者に任せ放しにして，設計監理者や建築の施工者が無関心であることに原因があると思われるが，ダクト内に発生する結露水によって，亜鉛鍍鉄板製ダクトが腐食する問題は設備設計固有の問題としても，ダクトの外壁貫通部処理方法をはじめ，前記フードおよびその取付け方法等については，設備と建築が一体になって計画し施工にのぞむのでなければ，必ず発生するクレームなのである。

　以下に，それらの不具合について述べ，建物長期保全の資としたい。

(1) ダクトの不具合と対策

① ダクトの厚さ

　ダクトは一般に厚 0.5mmの亜鉛鍍鉄板製である。したがって材令10年で先端部分が腐食し，ダクト内で発生する結露水が漏れ，躯体コンクリート内へ浸入して鉄筋を腐食させる。寒冷地ではダクト貫通部コンクリートの凍害の原因ともなる（**写真2-13**参照）。この

対策としては、ダクトの外壁に近い部分1m（片廊下天井内設置のときは1.5m）をステンレス製のものに取り替えることが必要である。

② 外壁のダクト貫通孔

外壁のダクト貫通孔（多くは大梁）は、ダクト径100mmのとき直径150mm、ダクト径150mmのときは直径200mmが一般であるが、これにダクトを貫通させ勾配を確保した後、ダクト周囲にモルタル詰めを行うべきなのに、**写真2-14**に見るようにフード・鞘管部分に断熱材片を詰め込み、外壁表面から2～3cmをモルタル詰めとしている例がほとんどであり、結露水の外部への流下や降雨時には雨漏れの被害が発生するのは当然である。

この場合の修繕は、既存の詰めものをすべて撤去し、**図3-1**に見るようにダクトの先端部分をステンレス製のものに取り替え、ダクト周囲のコンクリートを斫り直して、隙間を残さないように無収縮

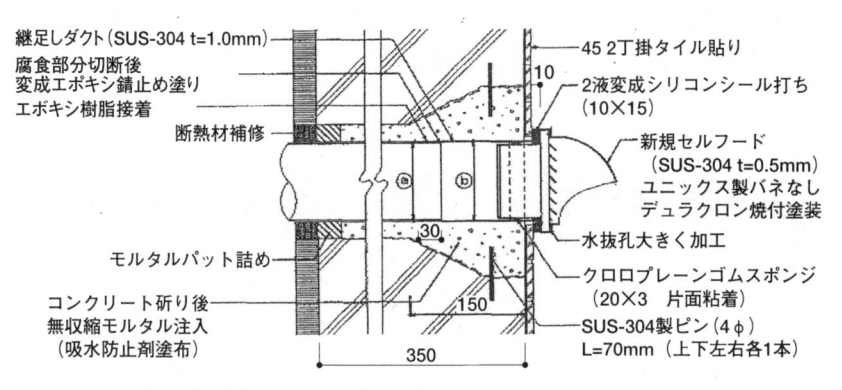

ⓐ 在来スパイラルダクト〔亜鉛鉄板〕内寸100mm（厚0.5mm）
ⓑ 継足しステンレスダクト 内寸103mm（厚1.0mm）

図3-1 外壁のダクト貫通孔の改修図

(2) フードからの漏水と外壁の汚れ

① フードの選択

フードの鞘管外径は，ダクトが直径100mmのとき96～97mm，ダクトが直径150mmのとき145～147mmであり（メーカーにより寸法が違う），ダクト内径より3～4mm小さくできている。したがって，このまま差し込めば，ダクト内に発生する結露水はこの隙間を通って外部へ流下する結果になるので，フードの鞘管外側にクロロプレーンゴムスポンジ20mm×2 or 3 mm（片面接着）を貼り付け，さらにこの上に1液変性シリコンシール材を盛りあげ，ダクトに差し込むことができるものを選定する。

もう一つの条件は，フード周辺の汚れを防止するために，フードカバーと外壁の取合いに，10×深さ15以上の2液変性シリコンシール打ちができる形のもの（**図3-1**に見る形のもの）とし，確実にシール打ち（シールゴム化後，塗装のこと）を行うことができるものを選定すること。

② フードの取付け

写真3-7に見るようなフードでは，外壁とフードカバーの取合い部に，正しいシールの打ちようもなく，外壁を流れる雨水はフードカバー内へ流れ込むことになる。また，ダクト内の結露水も，フードの鞘管との隙間から流れ落ちることになる。

4. 換気ダクト，フード下の漏水と外壁の汚れ　　69

写真3-5　ユニックス製SHG-AK100を取り付け，8年を経過した状況であるが，フード周囲外壁の汚れが非常に少ない

写真3-6　在来型のフードであり，外壁の汚染がはなはだしい

写真3-7　フードカバー裏面を見る

5. バルコニー床防水

(1) バルコニー床に多く使われる塗膜防水の特徴

　塗膜防水剤は，過去40年間に多くの種類のものが発売されたが，現在も広く使われているものとしてウレタン系があり，近年アクリルゴム系（刷毛塗り，吹付けの2種）が売り出されている。

　ウレタン塗膜防水の施工法は，メーカーによって流し塗りのものと金鏝塗りのものの2種類があるが，塗膜防水にとって防水材の質の次に重要なことは，防水主材およびトップコートの塗膜厚をいかにメーカー指定の厚さに仕上げるか，である。

　一方，バルコニーのコンクリート床面は，打放し仕上げの場合，仕上がり精度は±3mm程度，コンクリートにモルタル仕上げを加えたとき，±2mm程度の高低差があるのが一般である。このような下地に対して，塗膜防水剤を流し塗りしたとき，表面張力の影響で，材料は低い部分に厚く，高い部分に薄く定着し，時間の経過によって薄い箇所から破断する。マンション建物診断の際，最上階屋上のような大きな面積に対して，ウレタン塗膜防水を施工している例を見るが，塗膜の薄い箇所で漏水している例が多い。

　金鏝塗りの場合でも，塗膜厚管理を正しく行わなければ，薄い箇所に問題が発生する。塗膜防水に10年未満で漏水が発生するのは，多くの場合このような事情によるのである。金鏝塗りの場合であっても，防水主材およびトップコートはそれぞれ2回ずつに分けて施

工することが大切である。

材料が何であろうと発生するもう一つのクレームは、床面と立上がり（幅木）の接点の防水膜が薄い場合、漏水事故の原因となる。

この場合は、漏水箇所が水上なので水が滴ることはなく、室内天井の隅に黒黴が生える程度なので漏水とは気付かない例が多いが、放置するとコンクリート内部の鉄筋腐食に影響するので、バルコニー床と幅木の取合いを点検し、防水層の補修を急ぐ必要がある。

また、床版がプレキャストコンクリート製*であっても、吸水性の高い砂利が混入していたり、ジョイント部の目地シールや後付けされる排水金物周りのモルタル詰めなど、防水を省略して露出させてはならない部分があるので、立上がり面を含め、防水を行わなければならない。

* プレキャストコンクリート（PC）版＝工場製コンクリート製品

(2) バルコニー床，幅木塗膜防水の修繕

バルコニーのように比較的狭い部位の塗膜防水は、面積の大きな屋上防水と違い一般に塗膜の比較的薄い（1.6〜2.0mm）、材工4,000円／m²程度のものを使用するが、部材の形態から長手方向に伸縮するうえに、振動の影響を受けやすく、防水層の出入隅部、床コンクリート面のひび割れ部などの防水膜が疲労しやすいので、10年目にはこれらの部位に対し、洗滌のうえ主材の増し塗りとトップコートの塗替えが必要である。

さらに10年後（竣工してから20年目頃）には、高圧洗滌のうえ防水材全面塗直しをすべきである。10年目、20年目の修繕にあたっては、ドレン金物周囲、避難ハッチ周囲の下地補修＋防水層補修も必ず実施する。

6. バルコニーのアルミ手摺の修繕と取替え

　アルミ手摺の不具合は，製作設計時の詰めの甘さから10年経過後には，**写真3-8**に見るように，手摺支柱埋込み部の詰めモルタル，あるいはコンクリートの破壊という形で現れ，クレームが発生する。その原因については，第2章6．に詳述したところであるが，要するにアルミ材の物性を無視した製作であり，薄肉のアルミ材と厚1.6の鋼製角パイプ（電気亜鉛鍍金）の組合せで，支柱の強度を鉄パイプにもたせる考えであるが，この支柱には柱頭部からも埋込み部からも雨水が浸入し，亜鉛鍍金量の少ない鉄製角パイプは，比較的早く腐食する（**写真3-9**）。

写3-8　アルミ手摺支柱基部埋めモルタル破裂（10年経過後）

したがって，腐食鉄部の膨張圧やモルタル，またコンクリートの凍害によって支柱基部の周囲が破壊するのである。このような，アルミ手摺支柱の安易な埋込み方法をやめないかぎり，解消することはできない。したがって，築後10年目に修繕を行ったとしても，築後20年頃には取替えが必要になる可能性がある。

（1）在来アルミ手摺修繕

最近まで使われてきたバルコニー等のアルミ手摺は，建物外部に使用される部品としてははなはだ不具合な製品であることを前段で報告したが，築後12，13年後に行われた第1回目の修繕工事の経験から，第2回目の修繕期においても（築後22〜23年目），第1回目の修繕を踏襲する形で行ってよいと思われるが，あるいは手摺を取り替える事態になることも予想されるので，それらを含めて修繕方法について述べることとしたい。

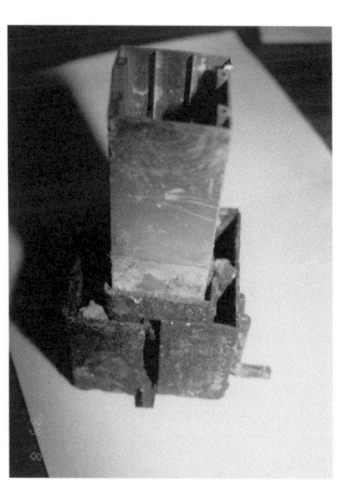

写真3-9　アルミ手摺支柱基部鉄パイプの腐食

a. 第1回目の修繕

10年を経て,手摺支柱のコンクリート埋込み部が,**写真3-8**に見るような状態になっているときは,支柱中心の鉄製角パイプ下部,並びにアンカー用鉄筋に腐食が発生しているので,以下のように処置する。

① 無収縮モルタルの注入

アンカー部のコンクリートを長さ18cm×深さ8cm×壁厚の寸法でカッターを使用して欠き取り,錆部錆落し後エアーブロワーで清掃のうえ化成被膜処理を行い,コンクリートカット部の外側に型枠を取り付け,周囲コンクリート水湿しのうえ,プレミックスタイプの無収縮モルタルを注入する。

② ステンレス製排水パイプの取付け

アルミ手摺支柱下部(パラペット天端より6cm上がり)に直径

写真3-10 アルミ支柱下部に排水パイプを取り付けた状態

10.5mmの孔を開け，支柱内へプレミックスタイプの無収縮モルタルを注入し，硬化後エポキシ樹脂を孔下いっぱいまで（厚5mm）注入後，厚1.2, 外径10mmのステンレス製排水パイプを取り付ける。

③ オーバーラップシール打ち

手摺笠木の接目のプラスチックカバーを撤去し，2液変性シリコンシールでオーバーラップシール打ち（30×6，二次シールとも）を行う。

b. 第2回目の修繕

第2回目において，必ず行うべき修繕は次の通りである。

① 手摺笠木ジョイント部シールの打替え

手摺笠木ジョイント部シールをすべて打ち替える。支柱基部の排水パイプから錆水が流出している箇所については，他に浸水の原因

写真3-11　オーバーラップシール　t6

がないか調べ，処置が必要である。

② 上記の排水パイプから錆水が流出している場合

上記の排水パイプから錆水流出の形跡がある箇所は，排水パイプをはずし，内部が湿潤しているときはこれを乾燥させ，浸水箇所の処置を行う。

浸水が考えられる箇所としては，笠木の接目を除けば，支柱への横材の取付けビス孔が考えられるが，ビス用の嫌気性固着剤を使用することによって解消できる。

③ 浸水を阻止することが不可能な場合

手摺の形式によっては，浸水箇所が広汎で処置が不可能なものもあり，この場合は手摺を取り替える。

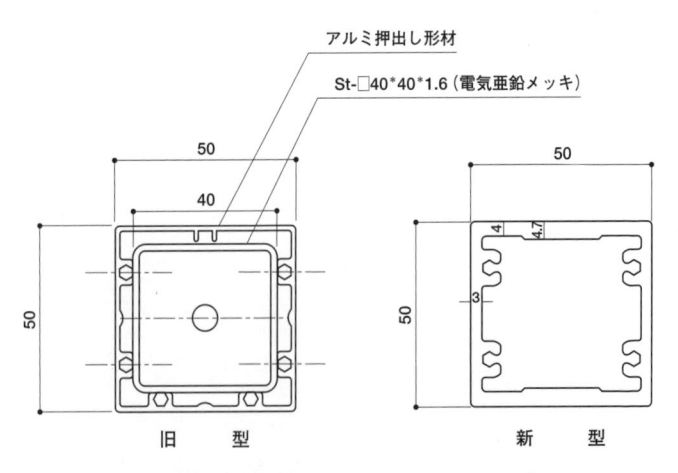

図3-2 アルミ手摺の新旧型材（三協立山アルミ（株）提供）

④ アルミ手摺を取り替える場合

新型アルミ手摺支柱は，**図3-2**のように鉄製補強材はいっさい使わない肉厚のアルミ角パイプである。

(2) 新型アルミ手摺の取付け方法

① 手摺壁の内側に取り付ける方法

図3-3に示すように，手摺壁の内側にステンレス厚3mmのハット型金物で取り付ける方法が最上である。手摺笠木を伝って支柱に浸入した雨水は，床面の排水溝へ落ちる。

② 手摺壁の天端に取り付ける方法

手摺壁の高さが，床面から20cm以下のときは，**写真3-12**のよう

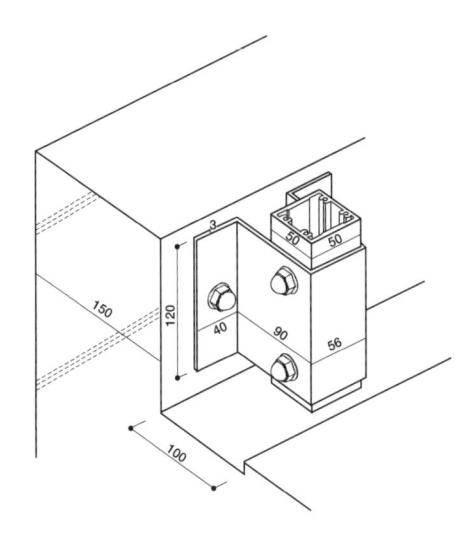

図3-3 ハット型金物取付け前に，手摺壁の鉄筋位置を調査し，取付けボールド位置を調整する

に、ステンレス製平棒でこしらえたT型脚を取り付け、手摺壁天端（元の位置）に埋め込み、アンカー金物を手摺壁の鉄筋に溶接し、エアーブロワーで清掃のうえ型枠を取り付け[*1]、コンクリートに水湿し、または吸水防止プライマーを塗り無収縮モルタルを注入する。

*1 手摺壁の仕上げは、在来仕上げ材を撤去したうえで、アクリルゴム塗料で仕上げる（塗膜厚1.2mm）。ステンレス製の脚もアクリルゴム塗料塗りとする

写真3-12 手摺支柱下部にSUS-304. FB製の脚を取り付けて手摺壁天端に埋め込んだ状態。脚に塗り上げた塗料はアクリルゴム塗料

③ ステンレス部材の錆発生防止

海岸に近い場所、工場地帯などでは、ステンレス部材に錆が発生するので、取付け前に塗装仕上げ[*2]を行わなければならない。

*2 ステンレスの塗装仕様（脚の埋込み部を除く）
 1. 素地調整後シンナー洗滌

2. 下塗第一層　エポキシ樹脂錆止　　　　　　　　30μm
3. 下塗第二層　エポキシ樹脂錆止　　　　　　　　30μm
4. 中　　　塗　非黄変性アクリルウレタン樹脂塗料　30μm
5. 上　　　塗　非黄変性アクリルウレタン樹脂塗料　30μm

7. 簡易なタイル張りの不具合調査と修繕

外壁タイル張りには，大きく分けて2種類の方法がある。一つは昔から行われているタイルの裏面に張付けモルタルをのせて，1枚ずつ積み上げるように張り，タイル目地は1本ずつ目地鏝を使用して隙間ができないように目地材を押し込む方法である。

他の一つは，近年，マンション建築において流行の小型タイルを30×30cmのユニットとし，表面紙貼り，または裏面ネット貼りにこしらえたものを1.5〜2.0mmの厚さにあらかじめ塗られた接着剤（樹脂入りセメントモルタル）に押し付けて張り，タイル目地はモザイクタイル用に調製された目地材をタイルを含めた全面に塗り付け，タイル面に残った目地材を拭き取って完了とする方法であり，目地モルタルに隙間が残る。

施工費は，タイルの役物を含まないひら面の場合，材工とも価格は前者が11,000円／m^2，後者は3,000円／m^2程度である（タイル張りの下地こしらえ費は別途）。この施工費からわかることは，ひと口にタイル張りといっても，この2種類のタイル張り工事は，その耐久性において価格差が示す通りの差があるということである。

本文では，施工費3,000円／m^2のほうを簡易なタイル張りという。

(1) タイルの浮き，割れの調査

かつては，赤外線診断法がこれからの調査法であるともてはやさ

れた感もあったが，数年前に建築学会で時期尚早につき当分の間研究発表を控える旨の発表があり，その後沙汰止みとなっている。

他に，壁面走行ロボットによる調査機器が販売されている。

今までのところ，屋上から幅3.6m 2人乗り用ゴンドラを吊り

写真3-13　2人乗りゴンドラによるタイル調査

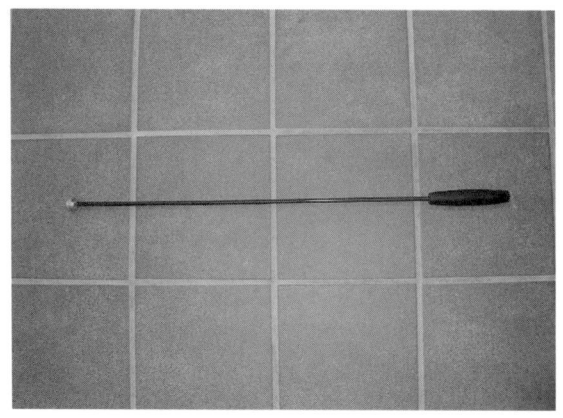

写真3-14　タイル調査用打診棒

(**写真3-13**)，これに乗って打診棒でタイルを1枚ずつ軽打して調査を行う方法以上に確かな方法はない。調査時のタイル補修予算と修繕工事実施時点での工事費に差がありすぎると，実行が困難になる。

① ゴンドラ吊り，打診棒による調査

まず最初に，タイル表面を撫で擦るように打診棒（**写真3-14**）を上下左右に動かして音を聞き，音の程度によっては左（右）手指2本をタイル面に当てタイル振動の程度を確かめる。浮いている音はするが指に伝わる振動が小さいとき，目地モルタルが切れなければ剥落しない，などの見当がつくので，予算額しだいでこのような部分の張替えを次回に繰り延べることもできる。

また，タイルが接着せず浮いた状態であっても，周囲の目地が健全であり，浮きの面積が大きくない場合は，すぐには剥落しないが，地震が発生する危険を考えると，張り替えるべきだろう。

タイルが浮いていて裏面に隙間がある状態は，タイル張り下地を洗浄せずにタイルを張り付けた結果，下地に付着した埃に妨げられて接着しない現象の一つであるが，近年このような例が多い。

② タイル調査

簡易なタイル張りは，20～25年経過した頃，全面改修が必要になることが予想され，タイル調査は10年ごとに行うべきである。また，外壁をタイル張りとする方法は，コンクリート建物の劣化を遅らせるうえで優れた方法ではあるが，タイルが落下して事故となることを避けることが絶対条件であることを忘れてはならない。

(2) 外壁コンクリートのタイル下地こしらえ

　コンクリートを打設して型枠を取りはずした状態の外壁コンクリート面の精度は，一般にその大面において±15mm，小面（1.8×1.8m程度）において±5mm程度の高低差があるので，モルタル塗りによって大面で±5mm，小面で±3mm以下に調整したうえでタイル張りに着手するのが正しい施工法であるが（この工事費は3,500円／m²内外），近年，とみに行われるようになった簡易なタイル張りにおいてはモルタル塗りによる下地こしらえはおろか，コンクリート外壁面の洗滌というタイルの接着にとって欠くことができない下地洗いさえ省くのは，いったいどのような考えによるのであろうか。理解に苦しむところである。

　物と物が接着する原理は，それぞれの接着面が濡れることに始まるのであるが，工事現場で6カ月，あるいは10カ月もの間，あの埃の中に放置される外壁の表面には想像できないほどの量の接着を妨げる物質が積み上がっているのである。

　したがって，タイル下地を洗うことなく簡易なタイル張り用のモルタルを1.5〜2.0mm厚で塗っても，堆積した埃に邪魔されてコンクリート面には接着しない。これについては，数カ月間，現場の埃の中にあったコンクリートの外壁を一度でも洗う体験をしてみると，泥水のような汚れ水の流下を眺められ，外壁の汚れを身に沁みて実感させられる。

　また，下地こしらえモルタル塗りについては，セメント，骨材，混和材等，精選された材料を使うのはもちろんである。時として，断熱材の原料である発泡ポリスチレンの細粒が混入しているモルタルを見掛けることがあるが，ひび割れの発生が多く，薦められない。

① 外壁タイル下地コンクリート面の夾雑物

　一般に，躯体コンクリートの水平打継ぎ部には，本来あってはならない型枠の端材をはじめ，鋸屑，紙屑，断熱材片，布切れ，結束線などが残されており，タイルの接着を損なうばかりでなく時間の経過とともに腐食して水みちをつくり，鉄筋腐食やコンクリート中性化を促進させる原因となるので，可能なかぎり斫り取り後，エアーブロワーで清掃のうえ隙間を残さない方法で樹脂モルタル，あるいは無収縮モルタルにより埋め直す。

② 外壁タイル下地コンクリート面の不陸

　本来，外壁コンクリート面は，モルタル塗りによってその不陸を正したうえでタイル張りを行うのが当然とされてきたが，前記のように4,000円／m²以下の単価で施工が行われるようになってからは，モルタル塗りによる下地こしらえが省かれるようになった。

　したがって，現在行われている簡易なタイル張りと称する範疇のタイル工事においては，コンクリートの型枠を取りはずした後，ごく限られた部分以外は第2章7．**写真2-23**に見るように，下地こしらえを行うことがないのである。

　このように，下地に3mm以上の不陸があるときは，高い部分を斫り，低い部分はモルタル塗りにより下地修正を行ってからタイルを張り直すのである。タイル裏面に隙間を残すのは，目地モルタルの接着力だけに依存する結果になり剥離しやすい。

③ 外壁の出，入隅とサッシ三方枠周囲の抱きこしらえ

　サッシの三方枠が取り合う，いわゆる抱きと称する部分は，90°曲り，屏風曲りのタイルを使用するが，下地コンクリートの出隅と

サッシと取り合うシール目地となる部分の下地は、モルタル整形が必要な部分であり、型枠はずしのままの状態でタイル張りを行えば必ず隙間が残る。

窓周りは、降雨時、雨水が集中するので、隙間を残さない方法で施工すべき箇所である。

④ サッシ水切り板と外壁抱きとのおさめ方

建物の部分で最も雨水が集中する窓の水切り板端部が、**写真3-15**のようにサッシより横方向に出っぱっていない形の場合は、雨水がサッシ端部からサッシ裏に浸入する可能性が高い。改修工事の際に**写真3-16**に見るように、両端3cmずつ長い水切り板（両端の水返し板を溶接したもの）に取り替えるべきである（水切りと取り合うタイルも取り替える）。

また、水切り板とタイルの取り合いには、10×10mm以上の2液型変性シリコンシール打ちとする（耐用10年）。

写真3-15　サッシ下部の水切り板が横方向へ出っぱっていない

写真3-16 水切り板はサッシ内法幅より左右3cm ずつ長い。シールも10×10mmの大きさで打ってある

(3) タイルのひび割れ

タイル割れには、大きく分けて縦型割れと横型割れがある。縦型割れの原因で最も多いのは下地コンクリートのひび割れの挙動によるものであり、次に多いのは壁の出入隅のコンクリートの整形不良によるものである。また、横型割れの原因は、コンクリートの打継ぎ部コンクリートに一体化不良、つまりコンクリートの打継ぎ部にジャンカが隠れている場合などである。

前者の場合は、鉄筋コンクリート構造物としてある程度はやむを得ない面もあるが、後者の場合は建物の構造耐力上の信頼性を失いかねない大きな瑕疵というべきものである（コンクリート躯体の修繕については第3章1．参照）。

① タイル縦型割れの修繕（その1）

タイルが縦型に割れる現象の多くは、一般に下地コンクリートのひび割れの挙動によって発生する。コンクリートの外壁には非常に

7. 簡易なタイル張りの不具合調査と修繕　87

多くの縦型ひび割れがあり，その中でひび割れ幅0.2mm以上のものがタイル縦型ひび割れの原因になるものと考えられる。このようなひび割れは，雨水浸入の可能性もあるので次のように修繕を行う（**写真3-17**）。

写真3-17　コンクリート外壁のひび割れにより外装タイルも割れたので剥がした跡

ひび割れ幅0.5mm以上のとき，Uカット・シール・SBRモルタル整形

この図のようにSBRモルタルの両端が薄くなると外壁仕上げ面にひび割れが発生する

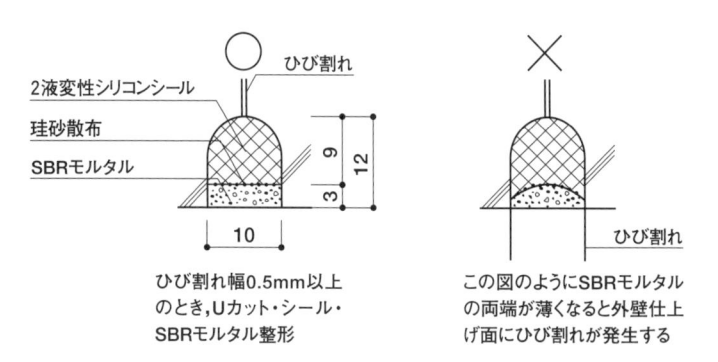

図3-4　外壁コンクリート縦ひび割れシール打ち

割れたタイルを剥がし，コンクリートのひび割れに沿って**図3-4**に見るように，コンクリートをU型カットし（両端部はUカットビット使用），2液変性シリコンシール打ち，硅砂散布のうえSBR*モルタル（厚3mm）詰めを行ってからタイルを復旧する。

図3-4の右のようにSBRモルタルの端部が薄くなると，SBRモルタルひび割れの原因になるから必ず**図3-4**左のように施工する。

* SBR＝スチレンとブタジエンの共重合体

② タイル縦型割れの修繕（その2）

外壁や窓，出入口のような開口部周囲の出隅タイルが割れていることがあるが，この部位のタイルは剥落しやすいので，必ず修繕を行うべきである。

コンクリート工事の際の型枠の精度が甘く，脱型後，縦，横の通りを修正せずにタイル張りを行うとタイル裏に隙間ができ，やがてタイルが割れる。

また，近頃見かけることであるが，窓，出入口の上枠が取り合う抱きコンクリートに誤って鉄筋が混入し，その腐食膨張の結果，出隅タイルが割れる例もある。いずれも，ずさんな工事の結果である。割れたタイルを剥がし，コンクリートのでっぱり部分や異物を斫り取り，モルタルで整形をやり直してタイルを張り直す。

③ タイル横型割れの修繕

タイルの横型割れに遭遇することはかつてはなかった。しかし，遺憾ながら日本経済のバブル崩壊後見られるようになった。

このような部分のタイルを除去してみると，単なる「コンクリートの水平打継ぎ部の不良」などではなく，水平打継ぎ部のジャンカ

が続いていて、タイルの上下がわずかずつコンクリートに接着している状態で、鉄筋はすでに腐食切断しているものもあった（築後13年）。躯体コンクリート並びに鉄筋の修繕は、第3章1．2．により行いタイルを復旧する。

(4) タイル張りに代わる外壁の仕上げ方法

マンション建築に多用されている簡易なタイル張りは、10年を経るごとにタイル浮きの調査とその補修を行ったとしても、タイルの躯体コンクリートへの接着はタイル裏面の接着力のほか、タイルの目地モルタルの接着力も大きく寄与するので、簡易なタイル張りのような薄型タイルの目地は、接着力にもそれなりの限界があり大きな期待はできない。

したがって、このようなタイルの補修を繰り返しながら建物を30年以上の間、事故なく保守するのはなかなかむずかしい。そこである程度の年数を経て居住者の同意が得られるならば、簡易なタイル張りをやめ、「アクリルゴム塗り」に替えることも一つの方法であろう。材料の選択や下地こしらえ、アクリルゴムの施工法など、第3章8．に記載する内容にしたがって行うものとする。

(5) 簡易なタイル張りの保全

外壁をタイル（簡易な）張りとしたときは、建物が竣工してから15〜30年ほどの間に何回かタイルが落ちないように修繕を行うことが必要になり、その費用もかなりのものになるであろうことが予想される。

20年前のこと、10階建て45戸のマンション建設について設計監理の依頼を受けたことがある。そのとき、設計方針として「外壁にタ

イルを張るのは，いずれマンション購入者にタイル修繕という大きな責任と費用を負わせる恐れがあるので塗装にすべき」と意見を申し上げたことがある。しかし，売主からは「タイルを張らなければ売りにくい」と否定され，結局，売主と施工者の責任でタイルを張ることになった。

　タイル張りのマンションには，いずれもこれに似たような事情があるのではなかろうか。タイル張りの建物は，近代感覚と重厚感があって確かに見栄えはよいが，これを事故なく守り続けるには相応の努力が必要なのである。

8. 外壁用アクリルゴム塗り

　第3章2．に述べたように，鉄筋コンクリート造の建物は経年とともに外気に接している面から，いわゆるコンクリートの中性化（これだけではコンクリートの中の鉄筋は腐食しない），つまり二酸化炭素の影響を受けてアルカリ度を低下させるのであるが，実際に使用されるコンクリートの物性は気泡や毛細管に満ちており，膨大な量のひび割れを有しているので，外部から浸入しようとする空気や水分を阻止する方法を講じないかぎり，コンクリート中の鉄筋を腐食から守ることはできない。

　建物診断を続けるうち，20年前後を経過したマンション建築の外壁のひび割れに伴うコンクリート中性化の生々しい実状に数多く遭遇するうちに，建物を60年以上価値あるものとするための方法として，数多い塗料の中で良質なアクリルゴム塗料を一定の塗膜厚を確保し得る方法で塗装することが現時点において最も望ましく，かつ現実的であるとの結論に達し，過去20年間に47件に及ぶマンション建築修繕工事のすべてにおいて，在来の塗料を剥がし下地こしらえをやり直したうえで，下記に述べるアクリルゴム塗料にやり替えた結果，極めてよい補修成果を得ることができた。

(1) 外壁用アクリルゴム塗料

　JIS A 6021の規格によるアクリルゴム系化粧防水塗料の銘柄にも

十数種類のものがあるが、メンテナンスも考慮に入れて長期間の効果を期待するには、アクリルゴム系樹脂固形分が50％を超え、かつ、可塑剤を含まないもので、使用実績も15年を超えるものから選定する。

アクリル弾性塗料で施工したと称するにもかかわらず、竣工3年後に建物診断に赴いたところ、開口部四隅の躯体ひび割れによって塗膜が割れて剥離し、手にとってみるとパリパリと割れる状態のものに遭遇したことがあった。可塑剤の影響である。

外壁塗料の中でも、弾性塗料といわれるものの選定を間違えると、これをすべて剥がし、下地こしらえからやり直すことが必要になる。したがって、当初において塗料の正しい選択と塗料を活かすための下地処理が重要課題となる。(**写真3-18**)

下地処理には二つの段階があり、塗装下地に対する高圧洗滌など

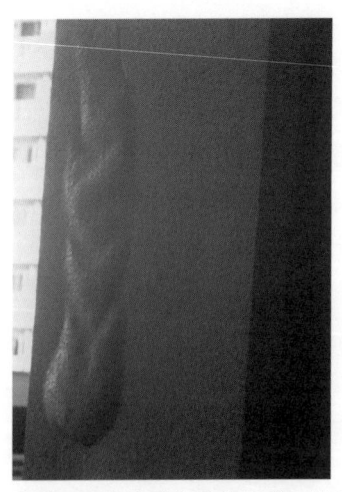

写真3-18 外壁の下地塗料を除去せずに付着力の強い塗料を塗りかけたため、旧塗膜の弱い部分に膨れが生じた

は第二段階で行われる。

[下地処理（その1）]

アクリルゴム塗料を外壁に使用する場合，その下地に雨水が浸入するか，または結露水が発生するような部分を残すことは絶対に避けなければならない。さもなければ，やがてこれらの部分に水が滞留し，塗膜が膨れ，常時外壁に水袋を吊り下げた状態になる。

下地処理としては，以下のことに留意しなければならない。

① 躯体コンクリートの豆板状部分（ジャンカ）の打替え
② 躯体コンクリートの打継ぎ部の異物除去と修復
③ 躯体コンクリートの縦型ひび割れの処置
④ 躯体コンクリートの横型ひび割れの処置

写真3-19 アルミサッシ下枠裏に溜まった結露水が外壁コンクリートのひび割れに浸入流下し，塗膜の膨れ発生

写真3-20 外壁に発生した結露水がひび割れを伝って流下し集合。塗膜が破れ錆水が流下している

⑤ 屋上パラペット天端の雨仕舞
⑥ 外壁に設けられている換気口金物と躯体コンクリート取合い隙間の解消
⑦ アルミサッシ下枠,並びに水切り板裏面の隙間解消
⑧ バルコニーのアルミ製手摺支柱内の雨水と結露水の排除

① **躯体コンクリートの豆板状部分の打替え**

このような部分には,雨水浸入のほかに結露水も発生しやすいので,鉄筋は早期に腐食する。新築の際,コンクリート工事において混練水の多い,いわゆるシャブコンを使ったり,コンクリートが硬練りであっても,つき固めがずさんであったり,打設を急ぎすぎるとしばしばジャンカが発生するが,これは絶対あってはならない瑕疵である(**写真3-21**)。

補修と称して一般に行われる方法は,硬練りモルタルをジャンカの表面に擦りつけるのであるが,これでは補修とはいえず,雨や結露も防ぐことはできない。正しい補修方法は,ジャンカ部分のコンクリートを削り取り,エアーブロワーで削り滓を清掃し,型枠を取り付けて,同じ調合のコンクリートを使って打ち直すか,無収縮モルタルを注入する(**写真3-22**)。

無収縮モルタルを使用するときは,型枠周囲に漏れ止めシール打ちが必要なのは当然だが,特に忘れてならないのは打継ぎ面に対する吸水防止プライマー塗りである。打継ぎ面に適当な散水ができればよいが,型枠が閉塞する場合は散水の機を失する。だからといって,水湿しをしなければ打継ぎ面に肌分かれが起こることを忘れてはならない。

8. 外壁用アクリルゴム塗り 95

写真3-21 階段室外壁コンクリートのジャンカ。13年経過で鉄筋の腐食が進行している

写真3-22 無収縮モルタル注入用型枠取付け。ビニールホースの太いほうは注入用，細いほうはエアー抜き

② 躯体コンクリートの打継ぎ部の異物除去と修復

特に近頃,躯体コンクリート打継ぎ部に木片,断熱材片,鋸屑,結束線など,コンクリートの一体化を妨げる雑物の介在が多く見られるが,時間の経過とともに雨水浸入や結露発生の原因となって鉄筋腐食を増大させるので,目視と躯体コンクリート打診によって調査を行い,周囲のコンクリートともども欠き取って,隙間を残さな

写真3-23　躯体コンクリート水平打継ぎ部に木屑が混入している

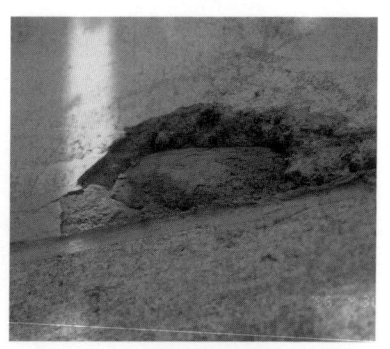

写真3-24　同左。垂木片が混入している。16年経過し腐食しつつある

写真3-25　躯体コンクリート水平打継ぎ部から砂がこぼれ出る

写真3-26　同左。ジュース缶が混入している

いように埋め戻すが、多くの場合、型枠を取り付けて無収縮モルタルの注入が必要となる（**写真3-23, 24, 25, 26**）。

③ 躯体コンクリートの縦型ひび割れの処置

躯体コンクリートのひび割れで幅0.2mm以上のものは、漏水の可能性があるといわれているが、築後10年を経てなお0.2mm程度のひび割れでは、その上にアクリルゴムで厚さ1.0mm以上の塗膜をかけるわけであるから、雨水浸入の可能性はないと考えて差し支えない。したがって、ひび割れ幅0.3～0.5mmのものと、0.5mm以上のものとの2種類に分けて対応する。これらのひび割れは躯体の温度変化による挙動の影響もあるので、ひび割れ幅0.5mm以上のものに対しては、**図3-4**（87頁参照）のようにU型カット、切粉清掃、2液変性シリコンシール打ち、硅砂散布、SBRモルタル詰めとする。このとき、SBRモルタルが薄いと、外壁塗装面にひび割れが発生する。

また、ひび割れ幅0.3～0.5mmのものに対しては、アクリルゴム高弾性塗料塗、厚0.5mm、幅50mmとする。

④ 躯体コンクリートの横型ひび割れの処置

躯体コンクリートに発生する横ひび割れは、実体がジャンカの場合もあるが、多くの場合、コールドジョイントによるひび割れであり、この種のひび割れは壁体を貫通しているので浸水の原因になり、結露の可能性もあるので、エポキシ樹脂低圧注入により隙間を埋めなければならない。

試し斫りの結果、壁内の鉄筋に腐食があるときは、第3章2.により鉄筋腐食の修繕を行う。

⑤ 屋上パラペット天端の雨仕舞

（防水層はアスファルト系メンブレン防水を前提）

　外壁コンクリートのパラペット部分は，下方が大梁によって拘束されていることもあって外壁の中でも縦型ひび割れが多い部分で，この天端こそ防水膜を最も必要とする箇所であるにもかかわらず，在来の防水工法では，この部分は外壁面から3〜9cm手前で防水層を止める方法（防水層が施されない3〜9cmの部分は，防水層の厚さだけ低くなり，水が溜まる）が一般的であった（**写真3-27**）。これは溶融アスファルトを使用してアスファルトルーフィングを1枚ずつ貼り付ける工法なので，止むを得ない事情もあったが，現時点のように，アスファルトルーフィングの改良が進み，改質アスファルトルーフィングシート常温工法が一般に使用されるようになったので，これを使用すればパラペット天端全面を防水層で包み込むことになんの問題もなく，むしろこの方法こそパラペットの防水にとって最良の方法であるので，在来のパラペット部アスファルト防水層を立上がり基部でカット撤去し，改質アスファルトルーフィングシート常温工法にやり替えるのである（**写真3-28**）。

〈新規改質アスファルトルーフィングシートの施工（2層）〉

・在来アスファルト防水層をパラペット立上がり基部でカット撤去し，パラペット天端の防水層残滓をカップサンダーで除去する。
・パラペット天端に樹脂モルタルで8度の勾配（水平面に対して）をつけ成型する。
・新規粘着層付改質アスファルト防水層（2層）は，パラペット基部から45cmの位置を起点とし，パラペット天端を含み外壁に4cm立下げる。

・新規防水層は要所トーチ工法を行い，先端部をアルミアングル1.5×40×70で押さえ，その上からクロロプレーン発泡ゴム，幅100mm付アルミアングル2.0×55×110で押さえる。

⑥ 外壁に設けられている換気口金物と躯体コンクリート取合い隙間の解消

(a) 換気ダクトとコンクリート躯体

　厨房，浴室，便所等の換気は，1980年頃までは建物を縦に貫通して屋上に至るUダクト方式が一般的だったが，その後外壁（多くは大梁）にあらかじめ孔をあけ，これに亜鉛鍍鉄板製ダクトを貫通させて外部に排気する現在の方法が主流になった。

　排気ダクトを外壁（大梁）に貫通させた後は，その周囲に隙間な

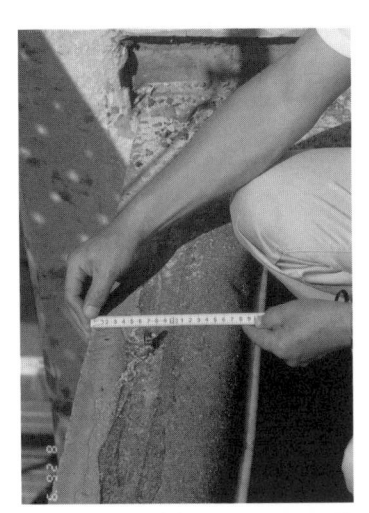

写真3-27　外壁面から9cmの範囲に防水層がない

写真3-28　改質アスファルトルーフィング常温工法によるパラペット天端防水の施工見本。外壁に4cm立下げアルミアングルで止め付け。上部のアルミ金物は裏面にクロロプレーン発泡ゴムt6を貼り付けたもの

くモルタルを詰めなければならないが、ひと皮剥いてみると鉄板ダクトの周囲には可燃物である断熱材片などが、いい加減に詰められており（**写真2-14**）、これにモルタルで外皮を被せているだけなので降雨のたびに浸水して室内へ漏水する例が多い。また、10年経過で亜鉛鍍鉄板ダクトの先端部が腐食し（**写真2-13**）、ダクト内で発生する結露水がダクト貫通部のコンクリート内へ浸入し、コンクリートを劣化させる例が多い（**写真2-15**）。

上記の改修方法については、第3章4.「換気ダクト、フード下の漏水と外壁の汚れ」において述べた。

(b) 換気ダクトとフード

亜鉛鉄板製ダクトの先端には、アルミまたはステンレス製フードが取り付けられるが、ダクトに挿入されるフードの鞘管はダクトより3〜4mm小さくできているので、鞘管とダクトとの隙間を確実な方法でふさがないかぎり、ダクト内で発生した結露水がこの隙間を通って躯体コンクリート内へ流出し、コンクリート劣化や鉄筋腐食を発生させる結果となる。

なお、フードの鞘管をダクトに挿入する際、クロロプレーンゴムスポンジ20×2 or 3を巻きつけ、その上にシール材を盛り上げる工法について第3章4.に述べたが、鞘管に取り付けられているバネ状板はかえって邪魔になるのでこれのないものを使用したい。

(c) フードに取り付けられている防虫網

フードの防虫網は、10年を経過すると目詰まりによって換気不能となり、室内に汚染空気が増加し湿度も高まるので、結露が発生しやすくなる。（**写真3-29**）

厨房，浴室，便所のように，ダクトを使用して排気を行う箇所については，排気口に付けられている防虫網を撤去しても支障がない。むしろ取り付けるべきではないと思われる。

ただし，建物の近所に川，池など水面があるときは，水棲昆虫が生息していて，これを阻止するには防虫網以外の方法は見当たらないので，室内側に着脱可能な防虫網を取り付けるのがよい。

⑦ アルミサッシ下枠，並びに水切り板裏面の隙間解消

アルミサッシ枠裏に隙間があると，冬期，結露が発生し下枠や水切り板裏面に溜まり，凍結，融解を繰り返してやがて裏込めモルタルを破壊する（**写真2-7，8，9参照**）。

寒冷地でなくても昼間の外気温が＋10℃以下になると，結露が発生する可能性があるので，修繕工事に先立ち低温時に調査を行うことをお薦めする。

サッシ下枠の裏込めモルタルの隙間は，旧水切り板を撤去した後でエポキシ樹脂（高粘度のもの）を手動式注入ガンを使用して注入

写真3-29　浴室前室の排気口防虫網の目詰まり（11年経過）

し埋める。

　新規水切り板は，サッシの開口幅より左右3cmずつ長く，両端の雨返し板を（t4mm以上）全周溶接したものに取り替えて，裏込めモルタルは型枠を取り付けて無収縮モルタルを注入する。

　また，新築工事でサッシ取付け前であれば，下枠裏に一次モルタルを詰めておいてから取り付け，さらに二次モルタル詰めを行い，隙間をなくす。

⑧　バルコニーのアルミ製手摺支柱内の雨水と結露水の排除

　アルミ手摺の部材どうしの接点はビス止めであり，溶接されることはない。また，手摺笠木のように長さのあるものは，伸びが大きいのでその接合部は数mmの隙間をつくって，表面にプラスチックのカバーを被せてあるのが一般的である。しかし，降雨時にはこれらの隙間から浸入した雨水が支柱内へ流れ込み底部に溜まる。

　これが手摺支柱基部のコンクリートを早期に劣化させる原因であり，コンクリートが破断落下したり，手摺脱落事故につながるのである。

　今までのアルミ手摺は，支柱に薄肉材（厚1mm程度）を使用し，補強材として，内部に厚1.6mm程度の鉄製角パイプを仕込んだものだが，この厚さでは極薄の鍍金しかできないので腐食が早い。

　したがって，第1回目の修繕においては，手摺支柱内に雨水が溜まらないように改修するとしても，2回目には第3章6.(1) b.④ **アルミ手摺を取り替える場合**に示すように，手摺支柱を厚肉アルミ材に取り替えることが望ましい。

［下地処理（その2）］

　下地処理（その1）が完了した後，新築物件は別として旧塗膜を

どうすべきかの問題が残る。後に問題を残さないためには、旧塗膜は除去しなければならない。

その理由は旧塗膜の質にもよるが、見かけ上その塗膜がよい仕上がりに見えても旧塗膜の付着力が低下している場合があり、その上に被せられたアクリルゴムの引張力の影響によって膨れが発生するからである。塗膜膨れ部分にはやがて水が溜まるので、建物にとって最悪の状態となる（**写真3-18参照**）。

旧塗膜を除去した後は、高圧洗滌（120kg/cm²f）により残滓を取り除き、カチオン樹脂モルタルでしごき塗りを行い、新規塗装の下地が整うのである。

［下地処理(その2)］の内容を項目別にあげると、次の通りである。

① 旧塗膜除去 ─┬─ 有機質塗膜の場合→剥離材
　　　　　　　 └─ 無機質塗膜の場合→電動工具

② 高圧洗滌 ── ［下地処理（その1）］完了後高圧洗滌

③ カチオン樹脂モルタルしごき塗り

④ 樹脂モルタルしごき塗りの精度検査

(2) 外壁用アクリルゴム塗り

塗装工程、並びにそれに見合う使用材料、工法等は、メーカー指定基準によらなければならないが、この場合、メーカー指定の単位面積当り塗布量は最低基準と考えなければならないので、塗膜の耐久性能、塗装下地の仕上げ精度、塗装工事の精度などを勘案して、若干、割増しを考えるべきであろう。

塗膜は、アクリルゴム主材吹付け（一般には2回塗）、24時間以上経過後、軟質膜厚測定器を使用して膜厚を測定する。規定の膜厚

に満たない部分がなくなるまで手直しを続け,その後の膜厚が確認できてからパターン付け等,次の工程に移る。この塗料は,主材の膜厚がすべてに優先する。

一般にゴムラテックスの伸びは,防水層の厚さとともに指数関数的に向上し,膜厚が2倍になると伸びは2.5倍以上になるので,薄ければ下地の繰返し挙動に対抗できないことも起こる。

建物診断の折,メーカーの銘柄から材質には問題がないにもかかわらず塗膜破断が発生している部分があったので,膜厚を調べてみると膜厚が薄過ぎる例に遭遇することがあるが,アクリルゴムの塗料は何よりも塗膜厚を優先しなければならないものなのである。

(3) アクリルゴム塗料の塗替え

アクリルゴム塗料塗り後の塗装面のメンテナンスで大切なことは,トップコートの塗替えである。トップコートが劣化したまま放置すると,紫外線等の影響によってアクリルゴム主材の伸びが低下する。したがって,一定期間ごとにトップコートの塗替えが必要である。

トップコートは,1液型のアクリル樹脂(耐久性能6年程度)の他に,2液型のアクリルウレタン樹脂,$300g/m^2$(耐久性能10年)があり,現在では後者のほうが一般に使われている。

このトップコートは,10年間は全く問題はないが,11年を過ぎた頃から写真3-30に見るように,トップコートの表面にひび割れが発生し,経日とともにひび割れが拡散する。このまま放置するとアクリルゴムの伸びが低下するので,この現象が発生したら翌年には高圧洗浄機($100kg/cm^2f$)で塵などを除去し,塗替えを行わなければならない。

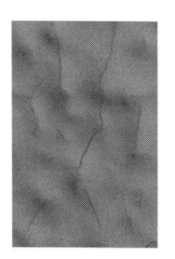

写真3-30 アクリルゴム塗料のトップコートにひび割れ発生（12年目）

　建物の耐久性に60年を期待するには，2回目以降の塗替えに際してアクリルゴム主材を1.2kg/m²程度塗り足したうえで，トップコート塗りとするのも必要なことである。トップコートには，現在，一般に使用されている2液型アクリルウレタン樹脂のほか，2液型アクリルシリコンおよび2液型フッ素樹脂があるが，耐久性能の実績について，筆者の所見は今しばらく時を得たい。

（4）外壁用アクリルゴムとの出会い

　筆者が外壁用アクリルゴム塗料に初めて出会うことになったのは，次のような事情による。

　1980年のこと，S造地下1，地上9階建て，延べ3,650m²の宿泊専用ホテルを事務所ビルに改装することになり，建物実状調査に出向いたところ，外壁から1.0～1.5m範囲の床カーペットに雨水浸入による染みがあり，管理者から状況聴取した結果，雨のたびに濡れる状態にあることが確認できた。この漏水は，外壁に接する床の大部

分で発生しているので，これを解決しないかぎり，事務所として使えないことになる。

この建物は，1階から塔屋まで外壁はALC版で構成されており，版の接目にはシール打ちが施されていたが，シールはすでに劣化しているうえに，建物躯体が震動しやすい構造であることもわかり，外壁からの雨水浸入阻止が最重要課題となった。

外壁仕上げは，建物正面がアクリル系吹付けタイル，他はアクリルリシンであったが，外壁のシール材打替えを行っても仕上げ方法がアクリル系吹付けタイルのトップコート塗りでは信頼性に欠けるので，ゴムのように伸びがありかつ塗膜に厚さがあって，できるだけ耐久性のある塗材探しを始めることになった。

結局，合成樹脂専業メーカーであり，アクリルゴム塗料（JIS A 6021）を手掛けて1980年までに7年の実績を持つ東亞合成（株）のアロンウォールを使用することとし，補修済のシールにアクリルゴムのしごき材でしごき塗りを行って，外壁全面をアロンウォールで仕上塗りを行うこととした。その後，この建物は2000年に取り壊されたが，20年目に取り壊されるまで，外壁からの漏水もなく塗り替えられることもなかったのである。

このような経緯のもと，マンション建築の外壁等の大規模修繕工事を始めるにあたり，1985年，第1号工事を東亞合成（株）のアロンウォール，その後第2号工事は三菱レイヨン（株）のアクリトーン*を採用し，以降，現在までに修繕を行ったタイル張り以外の外壁のすべてについて，前記2銘柄のいずれかを使用することになったのである。

 * アクリトーン（三菱レイヨン（株））は，2005年3月末をもって生産，販売を終了

9. 屋上防水

A. 屋上防水の種類と修繕

　鉄筋コンクリート造建物の屋上防水には，使用する材料によって次の3種類がある。

①シート防水 ─┬─ ゴムシート防水
　　　　　　　└─ 塩ビシート防水

②塗膜防水 ─┬─ ウレタン塗膜防水
　　　　　　└─ アクリルゴム塗膜防水

③アスファルト防水 ─┬─ 熱工法
　　　　　　　　　　└─ 常温工法

＊　アスファルト防水の工法については「これだけは知っておきたいマンションの劣化・修繕の知識」（鹿島出版会）99頁に詳述してあるので省略

　これらの防水剤は，わが国において①，②は35年，③の熱工法は95年の歴史をもっている。

　屋上防水で，その材料，工法すべてについていえることは，いかなる材料を使うにしても，絶えず太陽光，紫外線等の影響をまともに受け，さらに外気温による変化の影響を受けるなど，建築材料の中で，最も過酷な条件下にあるといわなければならない。

　以上の観点からこれらの防水材を評価すると，次のようになる。

(1) シート防水

① ゴムシート防水

エチレンプロピレンゴム（EPDM）と，ブチルゴム（IIR）製品があり，厚さは1.2，1.5，2.0mmであるが，1.2m厚のものが多く使用されている。紫外線の影響によって，シートの伸びが経年により低下する。また，接着剤の経年劣化もあるので，1.2mm厚で耐用10年といわれている。

② 塩ビシート防水

厚1.5または2mmの塩化ビニールシートを，接着によって全面接着，または溶着板を使って一定間隔に溶着させる方法がある。シートの可塑剤が蒸発するとシートの伸びが低下し，接着剤も経年によって劣化する。

③ シート防水の修繕

シートの厚さによって，耐用年数が若干変化するが，10年を過ぎた段階で，補修の時期を検討する。やり替えが必要なときは，浮き部を補修し，清掃のうえ，もう一層を重ね張りとするが，シート防水のやり替えをこれ以上行うことを止め，全面やり替えとする。

旧シートを剥がしたとき，下地コンクリート表面の剥がれが発生するので，これを補修して新規防水を行う。

(2) 塗膜防水

塗膜防水も，かつてはコンクリート床版に直塗りする工法であったが，コンクリート床版のひび割れの挙動に対応できるように，ガラス繊維，または合成繊維メッシュ張りを行って防水主剤塗りとす

る仕様を採用するようになった。塗膜防水の最重要課題は，コンクリートの床面の必ずしも良好でない仕上げに対し，いかに塗膜厚を一定以上に保つかである。

それにしても巨大な面積の，どの部分に対しても，塗膜厚を一定以上に施工するのは，極めてむずかしいことである(耐用年数15年)。

(3) アスファルト防水

アスファルト防水は，厚紙または合成繊維不織布に溶融アスファルト，または合成ゴム（合成樹脂）をアスファルトに添加することによりつくられるルーフィングと，精製アスファルトまたは改質アスファルトを用い，積層して防水層を形成する方法である。わが国では長い歴史があり，最も安定した防水方法である。

① 熱工法

アスファルトルーフィングを熱溶融アスファルト，または改質アスファルトを用いて積層し，防水層を形成する工法であり，絶縁工法，密着工法がある。

絶縁工法は，防水層に目立つ膨れはできないが，雨水が浸入すると大きく広がりやすい。密着工法は，下地の状況によって部分的に膨れを生ずる場合がある。

アスファルト溶融釜運転時，煙と臭気が発生するので，これらの発生が少ない環境保全釜を使用するようになった。

② 常温工法

粘着層を設けたルーフィングを用い，トーチ工法，粘着併用工法などで接着する。煙や臭気の発生が少なく，改修工事に適している。

改質アスファルトルーフィング2層（厚7mm）を使用する防水層は，耐用年数20年と予想され，ひら面は3回被せると，厚21mmとなり，60年の耐用が期待される（立上がり部は，改修の都度，新規にやり替え）。

B. 出入口の防水と庇

建物がコンクリートでつくられるようになってから，外壁の窓・出入口の庇が省略されるようになった。その結果，出入口に設けられた鋼製枠・建具の下方に腐食が発生し，14～15年で枠の下部を切り取って，新規の部材に取り替えたり，建具を新調せざるを得ない事例が多く発生し，建物の修繕費を押しあげる原因の一つとなっている（**写真3-31，32**）。

写真3-31　塔屋の出入口に雨除け庇がない

写真3-32　塔屋の出入口に庇がなく腐食が進んでいたので，枠をステンレス，建具は鋼板でつくり替えた（13年目）

9. 屋上防水

　外部の出入口の縦枠が腐食している場合は，縦枠下端から20cm程度を切り取り，SUS-304 t1.5の板でこしらえた縦枠材を溶接して復旧することになる。費用は出入口1カ所当り64,000円を要する。

　この例のように，枠の一部だけを切り取ってステンレスの板でこしらえた枠を，溶接によって取り替えることができない場合に，建具を鋼製，枠をステンレス製で新規に製作して取り付けるとすれば，周囲の仕上げを含み，45万円前後の工事費になろう。したがって，鋼製扉・枠はできるだけ雨水の影響を受けないように庇を設けるべきである（**写真3-33，34**）。

　かつては，鉄筋コンクリート造の建物には30〜45cm程度のはね出しコンクリート製庇を設ける例が見られたが，コンクリート工事一式のほかに防水工事も必要になるので，経費の高騰に伴って省略されたまま今日に至っていると思われる。塔屋など出入口の幅が85cm前後のものならば，次頁以降のようにステンレス鋼板製の庇を取り付けるのが簡便である。

写真3-33　扉の下から錆水が流れ出た跡が見えるが，扉の下部に膨れは見られない（13年経過）

写真3-34　写真3-33と同じ扉を開けてみると縦枠の下部が腐食しているのが見える

(1) ステンレス鋼板製庇

写真3-35に見る庇は，SUS-304 t1.5の板を折曲げ加工（一部溶接）して製作し取り付けられたもので，壁面からの出寸法は30cmであるが，**写真3-36**に見るとおり，扉や枠の下方に腐食は発生しておらず，庇としての機能を十分果している（**図3-5**）。

写真3-35 ステンレス板で製作した簡易な庇を取り付けた状態。庇の機能を十分果している

写真3-36 すでに17年を経過しているが，枠・扉の下方に腐食は見られない

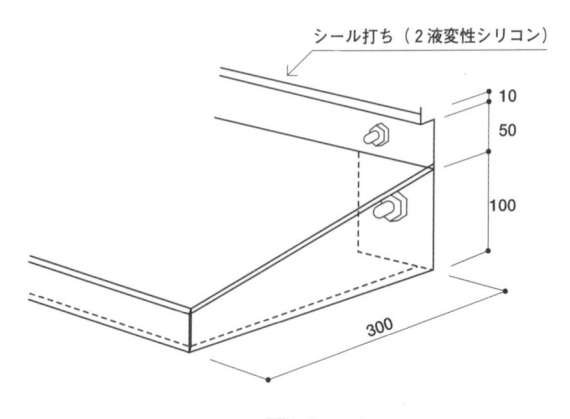

図3-5

(2) ステンレス庇の製作

① 材料はSUS-304 t1.5 400#板を使用する。
② 庇の長さは1.2mとする。
③ 屋根板の先端部と側板の先端部の取合いは溶接，他は折曲げ加工。
④ 外壁にはSUS-304製ウォールアンカー5本＋2本（側板）で固定。
⑤ 製作，取付費参考価格52,000円／箇所

＊ 使用場所が，排塵，排ガスまたは塩害の可能性がある場合は，SUS-316または329をその程度によって選択する

(3) 出入口スチールドア製作上の配慮事項

出入口のスチールドアの下部は，一般に図3-6のようにつくられるが，このつくり方は室内用扉に適用すべきもので，上部に庇がなければ，写真3-34に見るように，13年の経過により縦枠の下部が

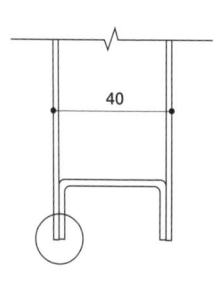

図3-6 スチールドア下側の○で示す部分は腐食しやすいので図3-7のようにつくる

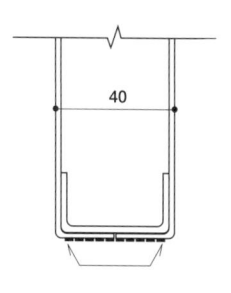

図3-7 スチールドア下側のつくり方。鋼板は中央で接ぎ，グラスクロスをエポキシ樹脂で接着。錆止は変性エポキシ錆止厚40u

腐食し（外部の場合，下枠はステンレス製），ドアの下部も鋼板と溝型鋼の取合いから腐食が始まり，扉の鋼板に腐食による変形が起こる。

　この取替え費用は，扉だけで1カ所当り約95,000円となる。13〜14年ごとに生じるこのような出費を防ぐためには，建具の下側を**図3-7**のように扉下側の鋼板を下端で合わせて溶接し，さらにグラスクロスをエポキシ接着剤で張り付け，そのうえで扉全面に変性エポキシ錆止を塗り，仕上げ塗装を行うことを薦めたい。これにより，外部扉の腐食による変形を長期に防止することができる。

第4章

耐久性のある躯体コンクリートのつくり方
― 密実な躯体コンクリートの実現を目指して ―

[ジャンカ，コールドジョイント，水平打継ぎ不良をつくらない施工とは]

マンション建築の寿命は，基本的には建物の躯体コンクリートの施工時の品質の優劣によって決まる。この基本的な大前提は変わらず，近年，コンクリートの品質管理，材料の本質を無視した安易な施工の結果，出来上がった建物に見られる様々な品質上の問題点は，わが国がこれから目指さなければならない，長寿命化建築の先行きに大きな影を投げかけている。

このことから，将来を含め，建物の修繕に大きな費用を投じないかぎり，われわれが安住の住居を失いかねないような状況におちいる可能性があるといっても過言ではない。ここではマンション建築において，鉄筋コンクリート躯体施工での最も大切な要点について，以下に述べることにする。

1. 建物躯体およびコンクリート工事の施工品質の向上とは

鉄筋コンクリートの躯体を弱体化させる要因の主たるものに，ジャンカ，およびコールドジョイント，並びに，打継ぎ部からの浸水を発生させる，コンクリートの一体化不良，さらに，混練水の多いコンクリートの乾燥収縮などによるひび割れの増大などがある。ひいては，コンクリートの強度低下や，コンクリート劣化によるせん断破壊など，躯体構造に及ぼす様々な影響は，今こそ克服してい

かなければならない，建築技術に課せられた必定の命題といえる。景気回復の兆しが見えた今日，建設需要の揺り戻しによる技術再構築への対応として，緊急な取組みが必要であるのは，いうまでもない。同時に過剰なほど山積している課題を無視することはできない状況でもある。

　幸い，筆者は，多くの事例へ関わる機会を得て，様々な体験と，施工工事に対する改良・工夫について，関係者の協力により，下記に述べるいくつかの方法を採用し，よりよい成果を上げることができた。これらの内容について，基本スタンスである要点を箇条書きに解説することで，実務の改善に役立つよう願うものである。

(1)「均しコンクリート」は「基準コンクリート」に

　一般に「均しコンクリート」は「捨てコン」とよばれて使われており，厚さは普通6cmで，これをもとに建物基礎の墨出しを行うものである。このコンクリートは，建物躯体の水平および垂直の基準となるもので，仕上げにおいては，水平面に対してできるだけ精度のよいものに工夫する重要な役割をもっている。

　柱筋や壁筋に対し，コンクリートの被り厚が不足する要因の大部分は，いわゆる「均しコン」の仕上げ精度の悪さに起因しており，「均しコン」の精度を，水平面に対して3/1000以下に仕上げた現場では，鉄筋組立て作業を終えた鉄筋工事の技術者から，「作業は非常にやりやすかった」との感謝を込めた報告がなされている。このような現場においては，鉄筋に対するコンクリートの被り厚の確保に苦しむことがなくて済むのである。

　むしろ「均しコンクリート」または「捨てコンクリート」の蔑視を含んだ呼称をやめ，「基準コンクリート」と読み替えるべきでは

ないか，との意見が出るのは当然のことであろう。

　最近，街中で多く見受けられる，小規模な店舗や住宅のコンクリート基礎構造で，基礎の交差部の位置にだけ捨てコンを打設し，他は砕石敷きのみで，基礎の鉄筋の大半が，砕石に接して組み立てられている。このような基礎工事の状況のまま20年を経過したときには，果たしてどのような結果になっているのであろうか，気がかりなことである。

　つまり，捨てコンは，単に墨出しのためのものだけではなく，建物構造の安定を保証する基礎鉄筋の水平，垂直の度合いを保つためにも必要な部材なのである。

(2) 躯体コンクリートの乾燥収縮によるひび割れ分散のための壁配筋

① 壁配筋はダブルとし，縦・横@25cm以内とする。
② 壁筋に対するコンクリートの被り厚は4cmとする。
③ 開口部隅の補強筋は6ϕで，縦・横@5cmの溶接金網とし，ダブルとする。

(3) 柱の設計でやってはならないこと

　建物が高層になると，柱・梁に鉄骨を使用する鉄骨鉄筋コンクリート（SRC）造として設計するのが一般であった。最近は，経済性のみを重視して鉄骨をやめ，すべてを鉄筋で構成する設計方法に変化してきている。

　その結果，第1章の2節で述べたように，柱の主筋相互の隙間が小さいため，この間から鏝を入れて均すことができなくなってしまう。そこで打継ぎ面のレイタンス除去はもとより，次の階の型枠組

立て完了時までに,打継ぎ面に落下する型枠や断熱材の破片をはじめ,多くの塵芥を取り除くことが不可能となる。やがては,打継ぎ面に漏水が発生し,鉄筋腐食が始まるという結果になるのである。

要するに,柱のコンクリート打継ぎ面を正しく処置するためには,柱内に鏝を入れる箇所の主筋相互の隙間を,少なくとも15cmとしなければならない。

(4) 外壁用型枠と組立て精度(仕上げが打放しの場合を除く)

外壁のコンクリート打設が終了した後の施工の精度は,鉛直・水平ともに±5mm以下であれば,モルタルによる下地こしらえ*にも無理がなく,したがってどのような仕上げにも適応できるのである。

型枠のつくり方で,コンクリート打設の精度を向上させるための留意点としては,コンパネの両側に取り付ける桟木の丈を,型枠締付け用の角縦端太(ばた)(一般に50×50の角パイプ)より若干小さいものとし,横端太を取り付けたとき,型枠の桟木に当たらないようにすれば,桟木の寸法誤差による歪を逃がすことができる。

* モルタルによる下地こしらえ＝ 壁のような鉛直面のタイル下地等のモルタル塗りは,モルタルの浮きを防止するため,1回の塗り厚を7mm以下とする。したがって,±5mm；10mmの下地誤差調整に対しては,つけ送りモルタル7mm,＋樹脂モルタル3mmとすればよい

(5) コンクリート水平打継ぎ部の清掃等

① レイタンス除去

コンクリートの沈降とともに,レイタンスが浮き上がり,コンクリートの打継ぎ面に薄層をつくる。そのままでは,次回に打設するコンクリートの接着を妨げるので,除去しなければならない。過去

には，ワイヤーブラシ掛けによって除去するのが一般であったが，現在は，工事現場で普及している高圧洗浄機を使用すれば，簡単に除去することができる。ただし，この場合もコンクリートの硬化具合を見計らうことがポイントで，打設後の時間が経過し過ぎると，圧力150kg/cm²f程度の高圧水では，時間がかかり過ぎる結果となる。

② 水平打継ぎ面の清掃

　トンネルのコンクリートのコールドジョイント部に，衣類が混入していたニュースは，記憶に新しいところであるが，一般の建物においても，コンクリート水平打継ぎ部に，各種の雑物が混入することによって，コンクリートの一体化を妨げるだけでなく，外壁においては，止水性を損なう結果となっている。また，マンション建築の修繕においては，コンクリートの水平打継ぎ部において，垂木の切れ端（長さ30〜60cm）が混入していなかったためしがなく，10年経過したときに，その周囲のコンクリート，並びに鉄筋に相当なダメージを与える結果になるのである。組立て中の型枠の上で，垂木を切断するなど，やってはならない事柄の一つである。

　万一，垂木，板等の切断片を壁の型枠内に落としたときは，型枠をはずしてでも，除去しなければならない。すなわち，木片，鋸屑，断熱材片，結束線，紙屑，作業用手袋など，水平打継ぎ部全長とはいわないまでも，これらの雑物混入のないマンション建物は皆無といっても過言ではないほどである。

　また，水平打継ぎ部からの漏水をおそれて，この化粧目地部にシール打ちが普通に行われているが，シール打ち工事の信頼性，あるいは耐久性を考えると，安易に過ぎるといわなければならない。

③ 水平打継ぎ面のコンクリート均し

コンクリートの水平打継ぎ面は，鉄筋・型枠組立ての前には電気掃除機で，型枠組立て後は高圧洗滌機によって清掃を行うが，打継ぎ面のゴミを流しやすいように，コンクリート均しの際に，壁・柱の中央部を若干盛りあげておき，タンピングの後，金鏝仕上げとするのがよい。コンクリート打設後の均しを行うことなく，打継ぎ面がガタガタのまま，打設完了としてはならない。コンクリートの接着性，水密性を放棄し，結果として早期に鉄筋腐食をもたらすこととなるからである。

④ 壁・柱，型枠内の清掃

型枠内打継ぎ面の清掃は，高圧洗浄機（圧力100〜150kg/cm²f）により行うが，型枠の要所には清掃口を設けなければならない。清掃完了後は，蓋をしてふさぐ。

(6) 躯体コンクリートを密実にして，ジャンカをつくらない方法

水平打継ぎ部清掃等は，前記の1.（5）により行うことを前提とする。ただし，型枠締固め完了後，型枠内水湿しを前日夕刻に行い，次の方法でコンクリート打設を行う。

① 柱・壁の水平打継ぎ部の厚さが3cmになるように富調合モルタルを投入

打継ぎ用モルタルは，強度上において，使用コンクリートから粗骨材を抜いたものでよいことになるが，これでは流動性が悪く使用にたえない。したがって，セメント量や水量を増やし，現場着時の

スランプを23～24cmとなるものを使用する。

打継ぎ用モルタルの投入は，左官用モルタルポンプを使用する。モルタル投入位置（相互間距離2.5～3 m）には，上部に投入用漏斗を取り付けたVP40*を配置し，これより打継ぎモルタルを投入した後，つき棒で突きながら，壁内に満遍なくゆきわたるようにし，その結果を必ず確認する。型枠の下端からモルタルが洩れ出ないように，下端の桟木にはスポンジゴムを貼り付けておく。

* **VP40＝ビニール管。内径40mm，外径48mmを壁筋の間に挿入するには，壁厚は18cm必要**

あらかじめ，1時間の間にコンクリートが投入される範囲を計算しておき，その範囲についてモルタル投入を行うものとする。

したがって，事前にその日に行われるコンクリート打設作業について，1時間ごとのコンクリート投入計画を作成しておかなければ，モルタル投入計画が立てられないことになる。

参考までに，筆者がコンクリート水平打継ぎ部に使用しているモルタル調合を以下に記す。

C:	W:	S:	AE剤	w/c＝45%
723kg	325ℓ	1,101kg	1,450cc	AE剤＝ビンゾール5％溶液

② 柱・壁にジャンカをつくらない方法

コンクリートは必ずホッパーで受け，角スコップで丁寧に型枠内に投入する。ホッパーで受けても，大量のコンクリートを一度に型枠内に投入したり，コンクリートホースから直接投入すると，コンクリートは，下方の鉄筋や型枠にぶつかって分離したまま落下し，ジャンカの原因となる。

バイブレーターは，型枠内にコンクリートが落下した位置に，柱には棒状50φまたは40φを，壁には30φをそれぞれ1～2台（柱，壁のサイズによる）を配置し，新旧コンクリートの境目から10cm下りの位置までを，かけ過ぎないよう上下に動かす。バイブレーターは，コンクリートの流れを助けるために使用してはならない。

型枠と外側鉄筋の間には，打継ぎ面のモルタル投入前に，つき竹（末口3cm）を45～60cm間隔（1人2本）に入れておき，モルタル投入後，すべての打継ぎ面に対して，打継ぎモルタルが3cm厚となるように上下に動かす。

打継ぎ用モルタルの上に，コンクリートが投入されたときは，モルタルをコンクリートと一緒に引張り上げるような感じで，上下に動かす。コンクリートが次の打継ぎ面から90cm位まで上がってくるまでは，つき竹を抜いてはならない（つき竹は<u>一旦</u>抜いてしまうと元の位置に戻らない）。

今どき，つき竹を使うことに異論があるかもしれないが，部材断面が小さい建築工事においては，すべてをバイブレーターに頼るわけにはいかない。十分に耐久性ある躯体コンクリートとするために，コンクリート工事に，若干人件費が増えることに躊躇すべきではない。

(7) コールドジョイントを発生させないコンクリート打設方法

壁・柱のコンクリート打ちは，高さ2m内外の高さで回し打ちとすることが，一般に行われているが，小規模建築は別として，この方法によるかぎり，コールドジョイントを防ぐことは極めてむずかしい。

階高4.5m以下の場合には，壁，柱にコールドジョイントを発生させないために，回し打ちを止め，1スパンごとに，1階分を一気に打ち上げる方法を採用している。これを実行するためには下記の配慮が必要である。

① コンクリート壁はダブル配筋とし，厚さ18cm以上とする（厚15cmのとき，内外壁筋の間隔は3cmとなり，棒状バイブレーターは使えない）。
② コンクリートの側圧に耐える型枠緊結方法の採用。
③ コンクリートのスランプは15cm，水セメント比50%以下とする（立上がりも床面も）。ここで，作業性を向上させるため，セメント量を多めにする。
④ コンクリート水平打継ぎ部の清掃および水平打継ぎ部のコンクリートを密実にし，ジャンカをつくらない方法については，前記第4章1.（5）および（6）により施工する。
⑤ 柱，壁のコンクリート打込み，締固めは，JASS 5によるほか，壁の締固めには，型枠と外側鉄筋の間（4cm）につき竹を打継ぎ面まで（間隔60cm内外）入れておき，コンクリートの上昇とともに，上下させながら徐々に引き上げる（最初は打継ぎ面に投入されたモルタルを，コンクリートとともに，上下に引張りあげる感じで行う）。つき竹は，常に新規に投入されたコンクリート表面から20～30cmの深さに差し込まれた状態を保持し，コンクリートが打ち上がったとき，撤去する。
⑥ 桁行き方向に，1スパンずつ床版まで打ち上げていくが，1スパン分を60～80分で打込みを終え，次のスパンへ移ることを目標とし，あらかじめ，打設開始後の60分ごとの打込み進行図を作成

し（この図をつくらなければ，打継ぎモルタル投入が計画通り進まない），どの部分も予定にしたがって，次の打継ぎ面まで完了することを確認しておく。

⑦ コンクリートが床版まで打ち込まれ，コンクリート工による均しが終わりしだい，左官による床の鏝仕上げに着手する。なお，屋根床版の場合は，勾配がつくのでコンクリート打設前に勾配定規を取り付けておき，左官仕上げ進行とともに撤去する。

(8) 打設コンクリートの湿潤養生（工事工程立案に影響がある）

床面までコンクリートが打ち上がり，コンクリート工によるタンピング均しを経て，左官工の鏝仕上げが完了した後，歩行可能となりしだい，散水を行う。さらに養生シートを被せ，湿潤養生を行う（7日間）。

外壁面も型枠撤去後，ただちに床面に倣い湿潤養生を行う（7日間）。コンクリートの初期湿潤養生は，コンクリート壁面の組成を緻密にし，水や塩分，炭酸ガス，酸素などのコンクリート内への浸入を防ぎ，長寿命化を図るために重要な作業なのである。

2. コンクリート打設の実際

　コンクリート造建物の耐久性は，混練水が少なく，かつ，密実なコンクリートにこそ期待できるので，建物造りには，まずこの基本に立ち返って行うものとする。

　建物の基礎も，柱・梁・壁・他，すべての部材のコンクリートのスランプ（流動性）が15cm[*1]で，かつ，混練水がコンクリート1m^{3}に対して，160kg[*2]以下であるから，このコンクリート打設が，最初からうまくゆくわけではない。

日本建築学会が標準としているスランプ値，および水量は，
*1　スランプ＝コンクリート圧縮強度33N/mm^{2}未満のときは18cm以下
*2　混練水　　　　　　　＝185kg/m^{3}以下

　現在の国内の建築業者の多くは，このような硬練コンクリートを使って，最上階まで打設する経験はあまりない。したがって，我々はコンクリート打設に際し，2回にわたって事前の勉強会を行うのであるが，施工のリーダー達には，頭の中では施工方法がわかったつもりでも，実際に，その場に立ったとき，体が緊張して思うように動かないのである。

　1階立上がりコンクリートの打設結果は，ゼネコンの現場責任者をはじめ，担当者の顔色なしの状況なのである。ここに，実例をあげると，1階立上がりコンクリート打設後，所定の日数を経て，柱，壁面の型枠を取りはずしてみると，1階の床面積750m^{2}の大きさに対して，ジャンカの発生箇所が大小18カ所にも及ぶのである。

　壁面の型枠を取りはずししだい，調査図を作成し，コンクリート不良部の斫り範囲を決め，エアーブロワーで清掃し，型枠を付け直して，無収縮モルタル注入となるわけである。ここで起こる次の問

題は，超大手といわれるゼネコンであっても，無収縮モルタルの注入を任せられる協力業者がいないという場合がある。やむをえず，マンション修繕業者の中から熟練者を紹介することもある。

ところが，実際に1階立上がり，コンクリートの補修が完了して，やがて2階立上がりのコンクリート打設となったとき，驚くことに様相が一変する。一同は驚くほど働きだし，昼食時になっても誰一人として食事を取る者がいないのである。放っておけないので，軽食のパンを用意し交替で食べながらの作業となる。

人がその気になるとはすごいもので，結局は30分以上も早く作業終了となる。このようなときは，皆のやることを見ていて全く不安を感じないのである。

やがて，時期が来て，柱，壁の型枠をはずしてみると，小さなジャンカが1カ所だけ，コールドジョイントも全く見られず，見事な仕事の成果となったのである。立上がりのわずか2回目で，このようにできたことで，結果はもう後戻りしない。

躯体コンクリート工事が完了したとき，担当業者のリーダーが，「これが本当のコンクリート打ちだもな」と，つくづくいう。

(a) コンクリートの性能確保のために行う事前のコミュニケーション

設計監理者の監理の仕事の一つは，このように工事関係者が，プロとして，その気になるように影響を与えることにある。

そのためには，コンクリート打設の6週間前から，少なくとも2回，設計者として，「どのような建物をつくりたいのか。そのためにはコンクリートを，どのような状態にしたいのか」など，工事関係者にアピールするのである。

その基になる，コンクリートの品質（強度，単位セメント量，スランプ，単位水量，混和剤，打継ぎ部モルタル調合）等について，設計図書上に明示しておくのは，当然である。

(b) コンクリート打設勉強会

　　参加者：設計監理者，ゼネコン技術者，コンクリート工事リーダー，型枠工事リーダー，鉄筋工事リーダー，設備・電気担当者

　　目　的：混練水の少ない，密実なコンクリート躯体の築造において要求される施工法の意見交換（2時間程度）

　　躯体コンクリートの品質：（詳細は省略）

- ① 水平打継ぎ部，高圧洗滌と清掃（レイタンス除去）
- ② ジャンカをつくらない。
- ③ コールドジョイントをつくらない。
- ④ 上記②，③実現のため，水平打継ぎ面に富調合モルタル（厚3cm）を使用する方法。
- ⑤ 開口部躯体コンクリート整形のための型枠とコンクリート投入
- ⑥ その他

参考文献・出典

1) 拙著：「これだけは知っておきたいマンションの劣化・修繕の知識」2000年2月，鹿島出版会

第5章

これからのマンション工事と維持管理

1．超高層マンションの建設ラッシュと修繕

（1）超高層マンションの動向

わが国における超高層マンションとは，高さ60m以上で，20階建て以上の共同集合住宅のことを称している。

日本各地で予定されている超高層マンションの建設は，都心部を中心に，2006年以降，ここ数カ年で501棟，16万戸と見込まれている（2006年6月21日朝日新聞）。これは極めて大変なことである。

「大変なこと」の，その主たる理由は，今までに建設されたマンションの多くが高さ31m以下の中層マンション建築であり，これを手掛けてきた職人が，高さ46m，15階建てのマンション修繕工事では，中層マンションにくらべて，かなりむずかしくなったと感じているのに，さらに困難が予想される超高層マンションの修繕ではいったいどうするつもりなのであろうか。

要するに，超高層マンションは，その修繕費用の点だけを考えても，初期の修繕費用が，経年するにしたがって，通常のマンションよりも，かなり高額なものとなるはずである。

十数万戸の超高層マンションを，時を同じくして建設するということは，平均的な従来のマンション居住者が対象であろう。

そこで，居住者側にとっても，問題となる重要な点は，頻発するマンションのエレベーターの瑕疵故障など，結果として，エレベーターはメンテナンスを含めて，費用を惜しんではならないという，

日常管理の必要性を思い知らされる。と同時に近年，都市居住にとって，さらに大切な課題は，いかにして階数の多い高層マンションの防犯・防災上の安全管理を行うかという点であり，特に高齢者や子供にとって，有事の際には，弱者となりうることが予想される。

　したがって，年齢によって，居住の適・否が判断されるようなマンションでは，コミュニティが成熟しにくく，区分所有者の組織である管理組合の運営もむずかしくなり，結果として建物管理のいっさいを，管理会社に委任せざるを得ないという可能性がある。このことからも，高層マンションにおける維持管理のシステム化がますます進み，維持管理の方法や修繕の内容に，先の見えない不透明さも多々残るのである。

　ここで，一例をあげると，わが国のマンション建築外壁等の修繕の仕事は，プレキャストコンクリート版に，タイル張りのものが多いので，屋上からゴンドラを吊り下げて，それに乗ったままで，できるようなものではない。

　また，風が吹いたら休み，雨が降れば休むという種々の劣悪な条件下で，どんな些細なことにも配慮しなければならない，劣化した外壁や，バルコニーなどについて，完全な修繕ができるのであろうか。長い間、マンション修繕に携わってきた筆者の回答は，「NO」である。

　建物の耐久性を維持し，建物の必要性能に応じた的確な修繕を行うには，まずは，たとえば，仮設においても，十分安全な足場を架け，各種の専門工事の職人達の誰もが，どんな場所においても，安心して仕事ができるようにしなければ，完璧な修繕はあり得ないし建物の維持管理も持続しない。ただし，地上から，最上部まで，従来型の足場を架けるとなれば，足場の単価は，見付け面積当り４〜

5倍になることが予想される。

これらを予算の都合でゴンドラ吊りとすれば、複雑な修繕は先送りせざるを得ないであろうから、年を追うごとに不良建物となる可能性がある。

超高層マンションの建設工事は、可能なかぎり確かな工事でなければならないのである。

(2) 超高層マンションの修繕

超高層マンション維持費の中で、経年とともに増大するのが定期修繕費である。修繕項目が、一般のマンションと変わるわけではないが、高層となるために、修繕工事は、高度となり、一段と堅実性が要求され、また、人件費、足場費、材料搬送費、安全管理費等の費用が、中層のマンションと比べ大幅に増加する。

また、建物管理についても、出入監視、安全確認など、事故を未然に防止するための費用は、建物の高さに比例して増大する。

以下に修繕項目について、個別に記述する。

① 外壁タイル

超高層マンションの外壁は、その多くが、プレキャストコンクリート版にタイルを打ち込んだものであるが、タイルが、モザイクタイルの範疇の薄型のもの（厚6～7mm）であるのか、または、厚12mm以上の小口タイル状のものであるかによって、剥離発生の経年数が相違することになる。

また、プレキャストコンクリートパネル自体の問題として、四周のリブ状の部分と中央部の膜状部分の剛性（厚さ）の差によっては、太陽熱の影響により、パネルが変型し、タイルの接着に影響を及ぼ

すこともあるので，最初の10年間は十分な注意が必要である。

いずれにしろ，タイル剥落による事故は超高層の場合，絶対あってはならない事故であるので，常に監視を怠ってはならない。

② 外壁塗替え（タイル張り部以外）

外壁コンクリート（プレキャストコンクリート製）の塗装には，様々なものがあるが，塗材が替っても，その施工法は，①プライマー塗り，②主材塗り，③模様吹き，④トップコート塗り，の4段階で行われるのが一般であり，塗替えにあたっては，一般に，トップコートの塗替えが行われる。このとき，コンクリート版ジョイント部のシールが劣化していれば，打替えが必要である。

トップコートには，1液型と，2液型があり，前者の耐久性は，一般に6年程度，後者は10～12年程度である。

塗替えにあたっては，塗装面の清掃および洗滌が必要である。

なお，シール材の耐久性向上のため，外壁と同じ塗装を行うのが望ましい（ただし，事前にシール材と塗料の相性を確かめる必要がある）。

③ 外壁目地シール

外壁プレキャスト版相互の継目，プレキャスト版とサッシの取合い，換気口の周囲等に使用される弾性シーリング材も，外気に露出されるものは，2液型変性シリコンシール材であっても，その厚さが10mmのとき，10年以上は期待できないので打替えが必要となる。

超高層の場合は，これらのシールが，2重シール打ち*となっているのが一般であるが，その場合は，外側のシールが破壊しても，内部のシールが健全であれば，室内へ漏水することはない。

シールを打ち替えるとき，材質に支障がない限り，在来品と同銘柄品を使用するのが常道である。

* 2重シール打ち＝外気に面するシール打ちの奥に，バックアップ材を介して2次シールを打つこと。

④ バルコニー床，幅木の防水

バルコニーの床，幅木の防水には，ウレタン樹脂系塗膜防水が多く使われるが，近年は，アクリル樹脂系塗膜防水も使われるようになった。

塗膜防水は，防水剤を金鏝，ゴム篦で塗る作業であるが，下地のコンクリートには，高低差があるので，主剤もトップコートも，それぞれ2回，ないし3回に分けて塗ることが膜厚確保の常道である。しかし結果的には膜厚の薄い床面や，床面と幅木の取合い部から漏水する例が多い。

修繕にあたっては，床面と幅木の取合いや，幅木の出入隅に対する増し塗りを正しく行ったうえで，トップコート塗り，とする。

超高層の場合は，幅木と床，あるいは，床と床の接合部にシール打ちが施されているので，劣化したシールの打替えを行ったうえで，塗膜防水の補修を行う。

⑤ 屋上防水

超高層マンション屋上の防水も，既存のものは，熱工法によるアスファルト防水が主流であり，これにコンクリート押えのものがある。アスファルト防水層が3層で，材料が上質なものであっても，その耐久性能は，20年であろう。

改修方法となる新規防水方法は，公害防止上からも，改質ゴムアスファルトルーフィング2層による常温工法（トーチ併用）とする。ひら面については，在来防水層面，清掃のうえ，新規防水層を被せる。立上がりについては，パラペット部分とも，在来防水層を撤去し，必要であれば，パラペット天端の勾配が内側へ2％の勾配となるようにつくり直して，パラペット天端を含み，外壁に4cm立ち下げ，アルミ金物（70×40×1.5mmおよび110×55×2.0mmの2重）押えとする。防水工事完了後は延焼防止と防水層の劣化防止のため，防火塗料塗り（3 kg/m^2）を行う。

なお，その他の改修は，中層マンションの定期修繕に準ずるものとする。

2．偽装設計と長期修繕

(1) 偽装について

　耐震偽装にはじまり，企画，設計，建設，販売の各分野において，その違法性を覆い隠すことで，申し合わせたかのように，その手法こそ違え，国内各地において，同時的に発生したことは，この事件の根が深いことをもの語る。と同時に，設計業界を含めた建築業界のモラリティの低下に言葉を失う思いがするのである。

　わが国のマンション建築の品質低下については，序章ほかで説明したが，これに追い打ちを掛けるように，偽装設計問題が発覚した。建物のみならず，「もの造り」という行為は，本来，結果において，人々に幸せを齎すことを意味するのであるが，この所，世の中を不安に陥れる話題の多い「建築もの造り」の世界は，金儲けのために手段を選ばない業態となったのではないか，と危惧するするほどである。

　建物が出来上がり，それを買った人々の新しい人生が始まったというのに，一旦，大地震が発生したときは，倒壊を免れることが出来ないとは。そんな仕事を，誰が，何故やったのであろうか。

　偽装を行った者が罰せられるのは当り前として，彼等に構造設計を発注した元請設計事務所こそ責任重大である。

　元請設計事務所が，構造計算書の偽装を見抜けなかったとしても，一級建築士であるからには，成果品である構造図を見れば，構造設

計の異状さに気付く筈である。気付かなかったとすれば，これは論外であり，一級建築士事務所としての資質に欠けるといわざるを得ない。

一級建築士は，町づくり，建物造りの設計監理業務に関して，国家から最大の権限を与えられているのであるが，それは，世の中，あるいは人々の生活をより豊かなものにする職能人としてであって，金儲けのためではないのである。

建築設計という行為は，常に理想と現実のはざまとの闘いに終始し，極めて高い倫理観を必要とする仕事なのである。

設計が出来あがったといっても，それは，せいぜいもの造りの骨格が出来あがったにすぎず，仕事としては約半分，むしろ，着工後の監理の段階こそ，己れの設計思想を，実体として実現するための困難で熱い闘いであり，長い苦闘の末に，目的物が無事に出来あがって，そこに人々のしあわせな生活が始まるのを見届けるまでは，設計が終ったとはいえないのである。

建築業界は景気がよいから，建築をやろう。しかし，建築現場は性に合わないから設計でも。と考えて設計の道を選ぶ学生も多いのではなかろうか。しかしこれでは困る。

自分の歩むべき道を選ぼうとする若者にとって，最も大切なことは，自分の職業を通して，世の人々のしあわせに寄与することが出来るか否かではないか。

大学教育においても，建築設計を志す学生に対しては，職業上の倫理観について，徹底して教え込まねばならぬ。

かつて，わが国で初めて建築設計監理を専業とする設計監理協会を発足させようとするとき，建築士の呼称について議論がなされ，「武士の心を心としなければならない。したがって師ではなく士で

あらねばならぬ」との意見によって，建築士の呼称を決定したと聞く。

　90年も前の出来事ながら，わが先輩の方々の，設計者としての志のあり方に，頭が下がる思いがするのである。

(2) 偽装設計と長期修繕の同根

　偽装設計を見過して建てられたマンションは，地震に対する耐力不足によって，建替えるか，あるい補強を行うか，いずれかの選択が迫られる。

　建物の長期修繕とは，建物がいかに堅固に造られようとも，使用される材料には，自然環境下での耐久性に限界があり，経年とともに劣化する。

　また，鉄筋コンクリート構造物は，コンクリート材料の諸性質に基づく，各種のひび割れ発生等の要因を有する材料である上に，その施工いかんによって，耐久性が大きく左右される。

　したがって，建物を長期に保全するには，建物の基本となる体質の改善を含めた定期的修繕が必要なのである。

　どんな建物でも，工事の過程の中で，建物体質が出来あがっていて，点数を付けるとすれば，100点満点などあり得ない。現実的には，85点なら最高，平均点は65点位とみなされるのが現状である。最近は，工事において，コンクリートの扱い方が拙劣になったので，50点台のものが増加した。

　50点のものは，混練水の多いコンクリートを，上階から投入すると，コンクリートは途中の鉄筋に当って分離し，砂利が先に落下して空洞が出来る。また，混練水の少ない堅練りコンクリートを投入し，バイブレーターを掛けなければ，これまた穴のあいたジャンカ

2. 偽装設計と長期修繕

と称する欠陥が発生する。型枠を外し，ジャンカを発見したときは，一旦，周囲の浮き部を斫り，型枠を取り付けて，同じ調合のコンクリートで打ち直すか，無収縮モルタルを使用して復旧しなければならない。にもかかわらず，表面だけをモルタルで糊塗し，周囲と同じ仕上げに見せて知らん顔をするなどもある。

タイル張りであっても油断は禁物で，意外に多いのか45mm2丁掛タイル張りの裏側である。このてのものは，雨の日は必ず水が廻り込む。したがって10年経過で，壁の鉄筋（多くはD-10mm）が腐食して，切断していたり，柱の場合は，主筋が半分の太さになっているものもある。このような状態のまま放置すれば，偽装設計ではないが，地震によって建物倒壊の原因となる。

コンクリートの施工のいい加減な建物が，地震時倒壊し易いのは，阪神大地震において，意外に多く見ることが出来たのであるが。

このように長期修繕の中味に深く立ち入って検証してみると，偽装設計も，建物性能として出来の悪い建物も，建物造りにおいて，あってはならないという意味において，同根であるということが出来る。

あとがき

　1985年以降，(社) 北海道マンション管理組合連合会の要請により，連合会加盟マンションの建物診断，並びに修繕工事の設計監理に携わり，以来20年を経て建物診断204件，修繕設計監理47件を実施し，各管理組合の皆様方のご理解とご支援をいただき，建物長期保全上，極めて貴重な資料と経験を得ることができた。

　しかしながら，本文の第1章1節に，表データにして記載しているように，いわゆる日本経済のバブル崩壊以降に竣工したマンション建築においては，その第1回目の建物修繕工事費が，かつて経験したことがないほど大きな金額となっていることを改めて思い知る。

　鉄筋コンクリートの建物の寿命は，躯体コンクリートの質にかかっているにもかかわらず，ひと皮剥いてみて驚かされるのは，見せかけだけのタイル張りに始まり，混練水の多いコンクリートで安易に施工したとしか思えない孔（ジャンカ）だらけのコンクリートを見るにつけ，昭和30〜40年代のマンション建物の施工初期においては，技術的に未熟な面があったにせよ，向上心に燃え真面目によいものをつくろうと，寝食を忘れて働いたあの日本人はいったいどこへ行ってしまったのであろうか，懐旧の想いに駆られるのである。

　このようなマンション建築の実状から，第1回目の修繕工事の結果こそが，建物の将来に明るい希望をもてるような成果となること

を希い，過去五十余年の建物づくりの過程の中で，20年間にわたり蓄積することができたマンション修繕の経験をもとに，「マンション修繕はどのようにあるべきか」また，「建物長期保全のための外壁仕上げ方法」「耐久性のあるコンクリート躯体のつくり方」についても記載した。

なお，給排水，給湯，ガス等の設備改修については，たとえば給水管内エポキシ樹脂コーティング工法のように，給水管の延命工法として実施され，二十数年後の今日，夢のように消え去った例もあり，各種行われつつある再生，または延命方法についての評価は今少し経過を見ることとし，今回は対象外とした。

最後に，直近10年間，マンション修繕業として，優秀な技術力をもって誠実に施工に従事された(株)伊藤塗工部，並びに協力会社の第一級の職人の方々，また，社長自ら陣頭指揮を執る(株)真生工業の方々の真摯な努力によって，工事が完成した管理組合の方々とマンション甦生の喜びを分かち合うことができた幸せを謝し，ご協力いただいた出版社の方々とともに深くお礼を申し上げる次第である。

「コンクリート造の建物に，あってはならない欠陥の多い建物をつくるほど，国家は疲弊する」

2006年　初秋　　　印　藤　文　夫

著者略歴

印藤文夫(いんどう　ふみお)

1925年　北海道生れ

1945年　横浜工業専門学校建築学科卒業

1963年　(株)山下寿郎設計事務所　札幌事務所長

1967年　(株)日本設計事務所　札幌支社長

1969年　同　社　取締役　札幌支社長

1974年　同本社　取締役　技術担当

1975年　同　　　取締役　第一建築設計部長

1976年　札幌市にて一級建築士事務所を開設

一級建築士・建築設備士

日本マンション学会会員

(社)北海道マンション管理組合連合会　技術顧問

マンション修繕・管理の実際

2006年11月10日　第1刷発行©

著　者	印　藤　文　夫	
発行者	鹿　島　光　一	

発行所　〒100-6006 東京都千代田区霞が関三丁目2番5号　鹿島出版会

Tel 03(5510)5400　振替00160-2-180883

無断転載を禁じます。

落丁・乱丁本はお取替えいたします。　開成堂印刷・壮光舎印刷

ISBN 4-306-03341-4　C3052　　　　　Printed in Japan

MEMO

MEMO

MEMO

MEMO